베 네 치 아 에   그 림   보 러   가 자

빛과 색채의 도시,
베네치아 그림 산책

| 만든 사람들 |
기획 인문·예술기획부 | **진행** 한윤지 | **집필** 박용은·박성경 | **편집 디자인** 김진 | **표지 디자인** 신정은

| 책 내용 문의 |
도서 내용에 대해 궁금한 사항이 있으시면
저자의 홈페이지나 디지털북스 홈페이지의 게시판을 통해서 해결하실 수 있습니다.
디지털북스 홈페이지 www.digitalbooks.co.kr
디지털북스 페이스북 www.facebook.com/ithinkbook
디지털북스 카페 cafe.naver.com/digitalbooks1999
디지털북스 이메일 digital@digitalbooks.co.kr
저자 이메일 박용은 seacloudtardis@gmail.com, 박성경 molla2001@naver.com
저자 블로그 http://blog.naver.com/molla2001

| 각종 문의 |
영업관련 hi@digitalbooks.co.kr
기획관련 digital@digitalbooks.co.kr
전화번호 (02) 447-3157~8

베 네 치 아 에 그 림 보 러 가 자

빛과 색채의 도시,
베네치아 그림 산책

박용은·박성경 저

Contents

04 베네치아 미술의 과거와 현재

에필로그 – 밤의 베네치아

그리고...

프롤로그

누군가에게 쫓기듯 바쁜 걸음으로 좁은 골목을 뒹구는 첼로와 비올라의 낙엽들. 잠시 후, 바람이 되어 따르기 시작한 바이올린. 첼로와 비올라의 낙엽들은 바이올린의 바람과 마치 경주라도 벌이듯 서두르지만 곧 따라잡히고 잠깐씩 바람이 멈출 때만 급하게 따를 뿐이다. 하지만 그것도 잠시, 어느새 폭풍이 되어 밀려온 바이올린은 가벼운 낙엽들을 저 차가운 겨울 하늘로 띄우는가 싶더니 온 거리를 휘감아 버린다. 때마침, 하늘에서 뿌려지는 진눈깨비. 거리를 나선 사람들은 그 해의 첫눈이 싫지 않은 듯 바람과 눈빛방울과 낙엽들이 도시의 하늘에서 벌이는 화려한 군무를 바라보며 총총 걸음을 옮긴다.

누구에게나 익숙한 바로크 음악의 거장, 비발디^{Antonio Vivaldi 1678~1741}의 '사계'. 그 중, 이토록 숨막히는 질주로 시작하는 겨울 1악장의 배경이 바로 베네치아다.

클래식 음악의 역사에서 비발디가 차지하고 있는 비중은 생각보다 크다. '사계'를 비롯한 400여 편에 이르는 그의 협주곡들은 '협주곡' 이라는 양식을 확립하는 데 결정적인 역할을 담당했다. 또한 화려한 즉흥연주자를 뜻하는 '비르투오소' 의 원형을 제시한 것도 비발디다.

1678년, 베네치아 '산 마르코 대성 당'의 바이올린 연주자의 아들로 태어 난 비발디. 당시 베네치아는 새로운 음 악의 중심지였다. 17세기 초반, 피렌체 에서 시작된 오페라가 로마를 거쳐 베 네치아에서 화려한 꽃을 피우기 시작했 던 것이다. 곳곳에 오페라 극장이 건립 되었고, 거세된 남성 가수 카스트라토 들이 대중의 인기를 한 몸에 받았다. 독 창곡 아리아와 리듬감이 느껴지는 대사 레치타티보가 형식적으로 분화되기 시

〈안토니오 비발디의 초상〉 작자 미상. 볼로냐 국립 음악 박물관. Wikimedia Commons

작했고, 아리아는 그 종류가 다양해졌으며, 무엇보다 새로운 기법의 기악이 연주되 기 시작했다. 바로크 초기 오페라의 거장 몬테베르디$^{Claudio\ Monteverdi\ 1567\sim1643}$가 현 악기의 트레몰로를 통해 감정의 표현을 시도한 것이다.

어린 시절부터 베네치아의 음악적 세례를 흠뻑 받고 성장한 비발디. 1725년 그는 '화성과 창의의 시도'란 제목의 열두 곡의 협주곡을 발표하게 되는데, 첫 네 곡이 바 로 오늘날 전세계인들이 가장 사랑하는 클래식 음악, '사계'다. 그중 '겨울' 1악장 과 3악장은 몬테베르디가 시도한 현의 트레몰로를 적극적으로 차용해 감정뿐만 아 니라 자연의 극적인 변화까지 묘사한 아름다운 음악이다. 그리고 무엇보다, 미로 같 은 베네치아 거리를 헤매면서 듣고 싶은 음악이다.

베네치아가 낳은 수많은 빛나는 별들 중 하나인 비발디. 오늘 베네치아를 찾는 여행자들은 비발디를 기리기 위해 건립된 산타 마리아 델라 피에타 성당$^{Chiesa\ Santa}$

Maria della Pieta에서 그를 만날 수 있다. 하지만 수많은 여행자들 중 이 성당을 찾는 이는 그리 많지 않다. 산 마르코 광장에서 썰물처럼 빠져나온 여행자들 대부분은 바다 건너편에 눈부시게 빛나는 산 조르조 마조레 성당에 시선을 고정하고 있다. 그런가 하면 방금 바포레토에서 내린 여행자들은 오로지 두칼레 궁전과 산 마르코 광장 쪽으로 몰려갈 뿐, 누구 하나 이 성당 파사드 façade 건물의 전면에 기대어, 혹은 정문 계단에 걸터앉아 비발디가 들려주는 아름다운 음악에 귀를 기울이지 않는다.

하기야 보석처럼 반짝이는 운하의 물결과 그 위에 그림처럼 떠 있는 옛 건물들. 그것만으로도 이 베네치아는 대체할 수 없는 아름다움을 지닌 곳이다. 굳이 비발디를 통해 소개하지 않아도 베네치아는 그 자체로 완벽한 여행지인 것이다. 하지만 그럼에도 우리는 비발디를 들어야 했다. 비록 스마트폰에 저장된 차가운 디지털 음원이지만, 전세계에서 몰려온 여행객들이 토해내는 온갖 언어들의 불협화음 속에서도 우리는 이어폰을 귀에 꽂았다. 그것이 우리가 선택한 베네치아 여행이었다. 우리의 베네치아 여행은 그런 것이었다.

가요풍의 겨울 2악장이 끝날 무렵, 우리는 발걸음을 옮겼다. 비발디의 성당에서 불과 200미터 남짓. 두칼레 궁전으로 향하던 발걸음을 오른쪽으로 돌려 건물 아래로 난 어두컴컴한 통로를 지났다. 그리고 잠시 후, 아담하고 예쁜 성당이 하나 우리 눈 앞에 나타났다. 산 자카리아 성당 Chiesa di San Zaccaria. 우리는 이어폰을 빼고 심호흡을 하고는 성당 문을 열었다.

이곳에서 우리는 비발디가 태어나기 200여년 전, 베네치아 예술을 이끌었던 한 화가를 만났다. 베네치아 특유의 안개에 휩싸인듯, 부드러우면서도 선명한 색채. 엇갈리는 시선 속에 왠지 모를 우울함과 아카데믹함이 동시에 깃들어 있는 성모자와 성인들의 표정. 그것은 화려하지만 결코 가볍지 않은 베네치아의 역사와 문화를 상징하는 그림이었다.

이 그림을 그린 화가는 레오나르도 다빈치와 미켈란젤로, 라파엘로 등과 함께 이탈리아 르네상스를 주도했다. 또한 그는, 데생과 구도를 중시한 저들 피렌체 화파와 달리 그동안 외면받았던 색채와 빛을 회화의 중심으로 끌어들여 서양 미술사의 가장 중요한 한 페이지를 장식하기도 했다. 만테냐, 조르조네, 티치아노, 틴토레토, 베로네세 등 동료, 후예들과 함께 이른바 베네치아 화파로 불리는 새로운 조류를 만들어낸 화가. 그의 이름은 조반니 벨리니^{Giovanni Bellini 1430?~1516}다.

그런데 오늘 베네치아를 찾는 수많은 여행객들은 그를 잘 알지 못한다. 이 산 자카리아 성당에서 그를 만나는 여행객도 그리 많지는 않다. 서양 음악사의 첫 페이지를 장식하는 비발디와 마찬가지로 서양 미술사의 중요한 한 페이지를 장식하는 조반니 벨리니 역시 베네치아라는 화려한 도시 그 자체의 명성에 조금은 빛이 가려진 느낌이다.

〈베네치아 세관과 산 조르조 마조레 성당〉 윌리엄 터너. 워싱턴 국립미술관. Wikimedia Commons

베네치아는, 그런 도시다. 육지와 연결된 유일한 통로인 자유의 다리^{Ponte della Lib-}erta를 지나 산타 루치아 역^{Stazione di Venezia Santa Lucia}에 발을 내딛는 순간부터 숨쉴 틈 없이 휘몰아치는 기적과도 같은 도시. 크고 작은 운하의 넘실거리는 물결과 그 위를 느릿느릿 유영하는 곤돌라와 물빛 하늘빛으로 벽을 치장한 오래된 건물들. 베네치아는 그 낯선 풍경만으로도 세상 어디에서도 다시 만날 수 없는 감동을 선사해 주는 곳이다. 그런데, 역설적이게도 베네치아는 그 아름다움으로 인해 손해를 보는 도시다. 마치 외면적 아름다움 때문에 연기력을 제대로 평가받지 못했던 장동건이나 레오나르도 디카프리오의 젊은 시절처럼 말이다.

하지만 오늘 여행객들의 눈을 황홀하게 하는 베네치아는 그냥 이루어진 것이 아니다. 그 아름다움에는 1,000년 가까이 이어온 공화정의 민주주의와 악명마저도 자랑스럽게 받아들인 철두철미한 상인 정신, 여러 지역의 전통과 문화를 수용한 베네치아인들의 포용 정신이 스며있다. 그리고 그 모든 것들이 함께 모자이크가 되어 이룩한 문화 예술적 성취가 도시 구석구석을 장식하고 있는 것이다. 말하자면 베네치아는, '그냥 아름다운 도시'가 아닌 것이다.

우리의 여정이 고대와 바로크의 로마나 르네상스의 피렌체가 아니라 베네치아로 향한 것은 바로 이 때문이었다. 비잔틴의 영향 아래에서 출발하여, 국제 고딕 양식을 거쳐, 르네상스 회화의 또 다른 줄기를 만들고 새 시대의 양식인 마니에리스모까지 나아간 베네치아 미술. 비록 피렌체나 로마에 비해 덜 주목받지만 그 찬란한 성과는 현대까지 서양 미술사의 핵심 요소로 이어져 오고 있다. 그 아름다운 실체를 보지 못한 채 '그냥 아름다운 도시' 베네치아를 여행했다면, 그것은 오아시스와 은하수를 만나지 못한 사막 여행이며, 빙하와 오로라를 만나지 못한 그린란드 여행이나 마찬가지다.

우리의 베네치아 여행은 베네치아 미술의 아름다운 실체를 확인해 가는 여정이었다. 베네치아의 역사가 시작된 섬, 토르첼로와 비잔틴 도시 라벤나에서부터 출발한 두 개의 여정은 각각 부속섬 부라노, 무라노와 르네상스 미술의 뿌리를 간직한 파도바를 거쳐 본섬의 리알토 다리에서 만났다. 이후 대운하, 카날 그란데를 지나 산 마르코 광장에 도착한 우리는 산 마르코 대성당의 황금빛 모자이크를 시작으로 본격적으로 도시 곳곳에 숨어있는 베네치아 화파의 영웅들을 만났다. 그리고 마지막, 페기 구겐하임 미술관에서 서양 미술의 현재와 미래를 만났다.

〈베네치아 산 마르코 광장〉카날레토. 로마, 코르시니 미술관. Wikimedia Commons

20세기 초반의 독일 작가 토마스 만이 말한 것처럼 "하룻밤 사이에 이루 비길 데가 없는, 동화처럼 일탈적인 곳에 가기를" 원하는가? 그럼, 베네치아를 꿈꾸면 된다. 베네치아의 눈부심을 꿈꾸면 된다. 그곳엔 여전히 "궁전의 경쾌한 웅장함, 탄식의 다리, 사자 상과 예수 상을 묘사한 물가의 기둥들, 동화에나 나옴직한 신전의 화려하게 튀어나온 측면"이 우리를 기다리고 있다. 유려한 색채와 춤추는 듯한 빛으로 자신들의 도시와 자연, 종교와 문화를 아름답게 묘사한 그림들을 품은 채 말이다. 우리, 베네치아에 그림 보러 가자. 비발디를 들으며.

01

V E N E Z I A

Torcello 토르첼로 / **Burano** 부라노 / **Murano** 무라노 / **Ponte di Rialto** 리알토 다리

베네치아의 뿌리를 찾아서

베네치아 여기서 시작되다. - 토르첼로

원색의 향연과 베네치안 글라스의 빛 - 부라노, 무라노 섬, 리알토 다리

베네치아, 여기서 시작되다

토르첼로

'급한 게 아니라 중요한 것부터'

이것은 토르첼로^{torcello}를 이번 베네치아 여행의 첫 일정으로 정하면서 떠올린 말이다. 아마 베네치아 여행을 준비하면서 토르첼로를 가장 먼저 생각하는 사람은 아무도 없을 터. 하지만 베네치아 여행에서 급한 게 아니라 중요한 것부터라면, 토르첼로를 잊어서는 안 된다.

베네치아가 바다 위에 세워진 도시란 건 누구나 아는 사실이다. 118개의 섬과 200개가 넘는 운하, 400여 개의 다리로 이어진 도시. 말하자면 베네치아는 전 세계 어느 곳을 보아도 찾을 수 없는, 세상 단 하나의 풍경으로 여행자에게 특별한 아름다움을 선사하는 도시인 것이다. 하지만 지금의 그 신비롭고 낭만적인 풍경은 셀 수 없이 많은 목침을 개펄에 박아 도시를 만들어야 했던 베네치아인들의 처절한 투쟁이 남긴 유물이다. 그리고 그 시작이 바로 토르첼로다.

원래 이곳은 밀물 때면 사라졌다가 썰물 때면 모습을 드러내는 '라구나^{laguna 석호}'

라 부르는 개펄지대였다. 사람 살만한 곳이 아니었단 말이다. 그런데 로마제국 말기, 저항도, 절규도, 회유와 뒷돈도 통하지 않는 무자비한 훈족의 침략을 피해 달아나던 베네토 지방 사람들이 전설의 힘을 빌어서라도 정착하지 않으면 안 되었던 곳이 이곳 토르첼로였다.

5세기에 아틸라^{Attila 406?~453}가 이끄는 훈족은 그 광포함이 다른 어떤 야만족보다도 극악했다고 한다. 당시 이탈리아의 북동쪽에 위치한 베네토 지방 사람들은 그들의 주교좌 교회가 있는 곳까지 아틸라에게 습격당하자 그야말로 혼란과 공포에 빠졌다. 산으로 갈 수도 없고, 로마로 진격하는 야만족의 진로 앞쪽인 해안을 따라갈 수도 없는 처지. 그때 하늘을 향해 절박하게 두 손을 벌린 사제에게 하늘에서 목소리가 들려왔다고 한다. 전설이 시작되는 시점이다.

> "탑으로 올라가라. 그곳에서 바다 쪽을 보라.
> 거기 보이는 땅이 지금부터 너희들이 살 곳이다."

그곳엔 마침 썰물 때라 갈대가 전면에 우거져 있을 뿐인 개펄이 보였다. 실제 있었는지도 모를 하늘의 소리를 빌어서라도 목숨만은 부지하고자 했던 절박함이 만든 땅인 것이다. 그냥 서 있기조차 힘들었을 개펄에 베네치아인들은 목침을 박고 돌을 나르고 토대를 다져 건물을 지었다. 베네치아의 시작, 토르첼로는 그야말로 절박함이 이뤄낸 기적의 땅이다. 그리고 7세기 중반에서 13세기까지 2만 명이 넘는 인구가 살며 전성기를 누렸으니, 개펄에서 태어나 베네치아의 건축과 예술과 문화의 토양이 된 그야말로 영광의 땅이다.

〈토르첼로의 수로〉 선착장에서 대성당을 잇는 단 하나의 수로

　현재 베네치아 본섬에서 바로 토르첼로로 가는 바포레토^{Vaporetto 수상버스}는 없다. 먼저 부라노 섬까지 간 다음 T선으로 갈아타면 처음 내리는 곳이 토르첼로다. 선착장에 내려 작은 수로를 따라 걷다 보면 번성했던 토르첼로의 흔적인 대성당에 이르게 된다. 한때는 수많은 운하들이 2만 여명 주민들의 삶의 터를 잇고, 수많은 거래를 성사시키고 문화와 예술을 교류시키는 역할을 했겠지만, 지금은 선착장에서 대성당을 잇는 단 하나의 수로만 남아 있을 뿐이다.

　수로를 따라 걷다 보니 골목골목 관광객들로 넘쳐나는 베네치아 본섬에 비해 사람이 참 없다 싶다. 을씨년스러울 정도다. 지금은 인구가 100명도 채 안 된다니 당연한 일이지만, 육지에서 밀려온 흙으로 운하들이 막히고 전염병이 창궐해 쇠퇴의 길로 들어섰던 그 옛날의 토르첼로가 느껴지는 것 같기도 하다.

　토르첼로의 마지막 수로 끝에 서면 공포의 침략자였던 훈족의 흔적도, 그 공포에 밀려 밑바닥부터 새롭게 터전을 닦아 번영을 누렸던 베네토 사람들의 흔적도, 같은 자리에 그저 '흔적'으로만 남아있음을 알 수 있다.

유서 깊은 석상들이 전시되어 있는 '델에스투아리오 박물관^{Museo dell'Estuario di Torcello}'을 왼쪽으로 두고 보면 마당이라 불러야 할지 광장으로 불러야 할지 모를 조그만 터가 나타난다. 그런데, 그 쓸쓸한 흙바닥 위에 덩그러니 의자가 하나 놓여 있다. 세월에 낡고 패여 그게 의자였을 거라는 짐작만 할 수 있을 뿐인 이 유물은 '아틸라의 왕좌'다. 5세기 훈족의 왕, 아틸라가 대관식을 할 때 사용한 의자라고 전해진다. 우리 역시 토르첼로를 처음 찾았을 당시에는 그런 줄로만 알았다.

〈아틸라의 왕좌〉 5세기 훈족의 왕, 아틸라가 대관식을 할 때 사용한 의자라 전해진다.

그래서 베네치아 사람들은 훈족, 그중에서도 마구잡이로 사람을 죽이며 들이닥친 아틸라의 공포에 치를 떨었을 텐데 그들이 물러간 뒤에도 아틸라의 의자를 남겨둔 것이 의아했다. 아틸라를 직접 능지처참하진 못하더라도 그가 앉은 의자는 가루가 나도록 쪼개서 바다 속으로 던져버렸지 싶은데 말이다. 반대로 저렇게 초라하게 남겨 홀로 눈과 비와 흙바람과 태양과 인간들의 눈길을 견뎌보라는 형벌은 아닐까 생각되기도 했다.

그런데 나중에 알고 보니 이 왕좌는 아틸라가 죽고 100여 년이 지난 후에야 만들 어진 것이라 한다. 포데스타^{Podestat} 행정장관나 주교의 의자로 사용된 것이란 설명이 다. 그런데도 베네치아인들이 이 의자에 '아틸라의 왕좌'란 이름을 붙여놓은 것은, 베네치아의 시작과 그 시절의 절박함을 잊지 말자는 의미는 아니었을까?

사실 아틸라의 왕좌가 있는 마당에 서게 되면 초라한 의자보다는 소박하지만 우 아한 아치가 건물을 장식하고 있는 작고 오래된 성당이 먼저 눈에 띈다. '산타 포스 카 성당^{Chiesa di Santa Fosca}'이다.

이 교회의 역사는 12세기로 거슬러 올라간다. 1939년에 재건됐다고 하지만 여행 자가 보기엔 옛 모습 그대로인 것 같다. 이 성당은 포스카 성인의 유해를 모신 곳으 로 네 팔의 길이가 모두 같은 그리스 십자가 모양으로 지어졌다. 이 정십자형 교회 건축은 11, 12세기 베네치아에서 형성된 비잔틴 양식이다. 이런 양식으로 지어진 건 축물이 지금은 이탈리아 전체에도 그리 많이 남아있지 않다고 하니 그 독특함을 보 는 즐거움도 있다.

산타 포스카 성당 안에는 화려한 스테인드글라스도, 비잔틴의 황금빛 모자이크도 없다. 색으로 따지자면 무채색의 성당인데 그렇다고 차갑거나 무심한 무채색은 아니 다. 화려함을 뺀 단아하고 포근한 무채색이다. 여기에 조용함까지 더해져 종교와는 상관없이 가만히 앉아있다 가기 좋은 곳, 마음 내려놓기 좋은 곳이다.

〈산타 포스카 성당(우)〉과 〈산타 마리아 아순타 대성당(좌)〉. 토르첼로의 역사와 문화의 중심지. 하지만 지금은 찾는이가 거의 없어 쓸쓸하다.

산타 포스카 성당 옆에는 토르첼로를 찾게 되는 진짜 이유라 할 수 있는 '산타 마리아 아순타 대성당Cattedrale di Santa Maria Assunta 성모 승천 대성당'이 있다. 5~6세기에 지어진 것으로 베네치아 전체에서 가장 오래된 건축물이다. 직사각형 바실리카의 원래 설계 대부분이 손상되지 않은 상태로 남아 있으며, 몇몇 부분에는 초기 교회 건축에서 보이는 요소들도 섞여 있다.

성당에 발을 들여놓으면, 흐리고 우중충한 겨울 풍경에서 황금빛 햇살이 내리쬐는 여름 풍경으로 들어선 느낌이다.

후진後陣 apse 기독교의 교회당에서 밖으로 돌출한 반원형의 내진부의 모자이크는 황금색 배경에 성모자의 모습을 표현했다. 베네치아에서 가장 아름다운 모자이크로 손꼽히는데, 13세기 그리스 예술가들의 섬세한 손길이 만들어낸 것으로 추정하고 있다. 황금빛이 넘실대는 둥근 반원형 바탕 위에 아기 예수를 안은 성모의 모습이 아주 '길게' 자리하고 있다. 성모의 키가 크다는 느낌보다는 형상을 아래위로 늘여놓은 듯 길다는 느낌이다. 그 때문인지 성모의 자태는 훨씬 부드러워 보이고 그 모습에선 권위가 느껴진다. 입을 굳게 다문 표정은 온화하면서도 결연하다. 아기 예수의 장난 섞인 움직임에도 성모의 표정과 자세는 전혀 흐트러짐이 없다. 아기 예수와 성모의 흘러내리는 옷자락 주름도 섬세하고 아름답다. 성모의 발 아래로는 사도들의 모습이 둥근 후진의 선을 따라 묘사돼 있는데, 전체적인 분위기는 성모가 위해서 군림하는 느낌이 아니라 사도들이 성모자를 지켜주고 있는 느낌이다.

〈성모자와 사도〉토르첼로 산타 마리아 아순타 대성당 후진 모자이크. 어두컴컴한 곳에 경건한 모습으로 자리하고 있다. Remi Mathis

대성당 후진에 있는 '성모자와 사도'가 표현의 아름다움으로 높은 평가를 받는다면, 맞은편 벽면을 가득 채우고 있는 '최후의 심판'은 극적인 구성에 최고점을 줘야 하지 싶다. 역시 12~13세기 그리스 예술가들의 작품으로 추정되며, 베네치아 비잔틴 미술의 걸작으로 꼽힌다.

최후의 심판은 층층이 없는 단으로 표현돼 있다. 놀랄 만큼 명확한 구성이 특징이다. 아래에서 위로 층을 바꿔 구성이 전개되지만, 최후의 심판에서 구원받은 이들과 그렇지 못한 이들의 구분은 또 좌와 우로 나뉜다.

벽면 왼쪽 아래에 표현된 꽃이 핀 풀밭은 구원받은 이들에게 주어진 에덴동산이다. 그 왼쪽 끝에는 믿음의 조상 아브라함이 아이들 속에서 아이를 안고 앉아 구원받은 이들의 영혼을 맞이하고 있고, 그 오른쪽으로 성모 마리아와 십자가를 든 선한 목자가 서 있다. 또 신의 권좌를 수호하는 천사 세라핌이 천국의 문을 지키고 있는 모습과, 천사와 함께 있는 성 베드로의 모습도 보인다.

한 단 위로 올라가면 축복받은 자들의 자리다. 이들은 동정녀, 순교자, 수도승 및 주교의 그룹으로 나뉘는데 모두 구원받은 이들의 모습, 천국에 이른 이들이다.

당연히 구원받지 못한 이들, 지옥에서 끔찍한 고통의 단죄를 받는 이들의 모습도 보인다. 고매한 성직자나 절대 권력의 황제도 피해갈 수 없는 순간, 겉모습에 매여 살았는지 진실한 믿음으로 살았는지를 심판받는 순간이 빈틈없이 그려져 있다. 모자이크 벽면 앞에 서면 자연스레 위를 쳐다봐야 해서겠지만, 아랫단에서 위로 시선을 옮기면서 감상하면 자연스럽다.

〈**최후의 심판**〉 토르첼로 산타 마리아 아순타 대성당. Remi Mathis

사실 이 모자이크 묘사에서도 보이지만 기독교에서 말하는 '최후의 심판'은 좀 가혹하게 여겨지기도 한다. 이미 죽은 사람들도 다시 깨워서 선과 악의 무게를 신의 저울에 달아서 가려내고는 누구는 천당으로, 누구는 지옥으로 보내니 말이다. 그런데 또 다르게 생각해보면 이 신의 심판 아래에서는 돈 많은 자도, 왕의 권력을 지닌 자도, 사제의 지위도 전혀 영향을 끼치지 못한다. 선과 악의 무게로만 판가름이 되는, 최후이자 유일한 완전 평등 심판인 것이다. 그러니 이렇게 성당 한쪽 벽면을 가득 채운 최후 심판에 대한 명확한 묘사는 무언의 압력, 무언의 교훈이 됐을 것이다.

"선하게 살아라, 겉으로만 아닌 마음으로, 최후의 심판이 남았다."

이 최후의 심판 모자이크 중에는 참 재미있는 묘사가 있는데, 아래에서 세 번째 단 오른쪽 끝에 있는 '사람을 내뱉는 물고기'의 모습이다. 테르툴리아누스 같은 초기 기독교 교부들은 최후의 심판 날, 이미 죽은 이들의 몸이 살아있을 때의 모습 그대로 부활할 것으로 믿었다. 그래서 사람을 잡아먹은 짐승이나 물고기도 부활해야만 했는데, 그것은 부활할 사람의 살을 돌려주기 위해서다. 물론 믿음의 표현이겠지만 당시 예술가들이 그 믿음 그대로를 모자이크로 새겨놓은 걸 보고 있자니, 얼굴에 살짝 미소가 번진다.

사실 황금빛으로 대표되는 비잔틴 시대의 황금 모자이크는 넘쳐난다. 규모를 따지자면 토르첼로의 모자이크는 비교 대상이 되지 않을 만큼 방대하고 화려한 모자이크 작품들이 많다. 하지만 토르첼로 사람들에게 있어 대성당의 이 모자이크는 각별했을 것이다.

믿음으로 채워져야 할 장소에 이처럼 화려한 장식이 무슨 소용이 있을까를 생각할 수도 있겠지만, 토르첼로 사람들은 자랑하고 싶었을 것 같다. 우리, 이만큼 해냈

노라고.

신의 목소리를 따라 왔다는 당위성을 부여하며 하루하루를 버텨내고 세대를 이어 갔을 베네치아 사람들. 죽음을 피해 인간이 살 수 없을 것 같던 개펄에 터를 일구기가 얼마나 힘들었을까. 기적처럼 삶을 가꾸고 부를 늘리고 문화를 영위하며 번영을 맞았을 때, 대성당의 벽면을 황금빛으로 물들이고픈 마음이 들었을 것 같다. 그리고 이처럼 아름답게 빛나도록 성당을 꾸민 후 첫 미사를 드렸을 베네치아 사람들은, 기쁨의 눈물을 흘리지 않았을까.

〈토르첼로의 고양이〉 사람이 거의 없는 토르첼로의 주인은 고양이들이다.

대성당 모자이크의 화려함을 뒤로하고 또 다시 수로를 따라 걷는 길. 사람의 인생으로 치면 노년에 접어든 듯한 토르첼로의 쓸쓸함이 바람에 살짝 묻어온다. 그런데 그 바람 따라 어디선가 고양이 울음소리도 실려 온다. 잔디가 깔린 어느 집 마당, 한두 마리가 아니다. 어림잡아도 대여섯 마리가 보인다. 옆집 마당엔 이름이 적힌 고양이 집들도 여러 채다. 초록색 지붕에 예쁘고 널찍하게 만들어진 고양이 집들이다. 또 그 옆집엔 레이스 커튼이 드리워진 창틀에 말쑥한 고양이가 앉아 볕을 쬐고 있다. 알고 보니 토르첼로에서 유명한 녀석들이다. 여름에는 성당과 고양이만 있다는 말이 있을 정도로 토르첼로의 고양이는 많고 유명하단다. 토르첼로를 찾았다면 이 고양이들과의 대면도 꼭 해볼 일이다.

원색의 향연과 베네치안 글라스의 빛

부라노 섬

우리를 태운 T선은 석호의 섬과 섬 사이를 느릿느릿 항해한다. 길쭉한 리도 섬이 천연의 방파제 역할을 하고 있는 거대한 '베네타 석호 $^{laguna\ Veneta}$'는 파도 한 자락 없이 고요하다. 모래톱으로 이루어진 평평한 섬들은 수평선 위에 그저 굵은 줄 하나 더 그은 느낌이다. 간혹 지나는 배들도 갈매기들도 소리없이 자신들의 운항을 계속할 뿐이다. 전 세계에서 몰려온 관광객들로 늘 복잡하고 시끄러운 베네치아도 이렇듯 한 발짝 떨어져 보면 고요하기 이를 데 없다. 하지만 시각적 눈부심은 여전하다. 그것은 이 고요한 석호 위의 작은 섬, '부라노 ^{Burano}'도 마찬가지다.

부라노 섬은 토르첼로와 함께 베네치아인들의 초기 정착지 중 하나였다. 외적의 침입을 피해 어쩔 수 없이 선택한 석호의 모래톱 섬들. 그 척박한 땅에서 초기 정착민들이 생존을 위해 선택한 생업은 당연히 어업이었다. 다행스럽게 석호는 영양분이 풍부했고 어획량도 많았다고 한다. 문제는 안개가 잦은 겨울 날씨였다. 조업 중에도 수시로 석호를 점령하는 안개 때문에 복잡한 수로에서 길을 잃는 배들이 많았던 것이다. 그래서 하나둘씩 배와 집에 알록달록한 색을 입히기 시작했다. 그런데 생존을 위한 그 선택이 오늘날 우리에게 환상 같은 풍경으로 다가온다.

〈부라노의 수로 1〉

〈부라노의 수로 2〉

섬 전체를 가득 채운 눈부신 원색의 향연. 선착장에 내려서 한 굽이 골목을 들어서자 우리의 눈을 사로잡는 것은 끊임없이 이어지는 알록달록한 원색의 집들이다. 현실이 아닌 애니메이션 속의 한 공간. 그림 그리기를 좋아하는 거인이 몰래 숨겨둔 파스텔통 속을 걷는 것 같다. 하얀 도화지를 벽에 대고 문지르면 그대로 빨갛고 노랗고 파란 색이 묻어날 것 같은 이 황홀한 색채의 향연은 이 베네치아와 부라노 섬이 정말 대체 불가능한 곳이란 사실을 실감하게 한다. 더구나 하늘은 눈부시게 푸르고 그 빛을 그대로 머금은 바다와 수로도 눈부시게 푸른 빛으로 일렁인다. 베네치아 화파의 유려한 색채는 그냥 나온 것이 아니었다. 그들의 선조와 그들의 삶의 현장이 매일 매일 색채와 빛의 황홀한 잔치가 벌어지는 곳이었으니 말이다.

그리 크지 않은 부라노 섬은 1시간 남짓이면 거의 다 돌아볼 수 있다. 하지만 한번 발을 디디고 나서부터는 쉽사리 발걸음이 떨어지지 않는다. 유명한 성당도 미술관도 박물관도 없지만, 들어서는 골목 골목이 그림이고, 마주하는 집은 한 채 한 채가 앙증맞은 인형의 집 같아 끊임없이 카메라 셔터를 누를 수밖에 없다. 우리나라에서는 가수 아이유의 뮤직비디오 촬영지로도 알려져 유명세를 탔는데, 그래서일까? 작은 부라노 섬 곳곳에서 한국인들과 마주치기도 했다.

우리는 원래 예정보다 훨씬 더 오래 부라노 섬에 머물렀다. 그것은 배를 타고 섬을 나서면 다시 되돌리기 힘든 꿈이 되지나 않을까 하는 안타까움 때문이었을 것이다. 해변을 끼고 섬 전체를 한 바퀴 돌기도 하고, 발길이 닿을 수 있는 곳 구석구석까지 걸었다. 16세기 이후 전 유럽에 명성을 떨쳤던 이른바 부라노 레이스의 명맥을 잇고 있는 '레이스 박물관 Museo del Merletto' 도 구경했다. 그러면서 디지털 카메라의 배터리가 다 닳을 때까지 셔터를 누르고 또 눌렀다.

〈부라노 거리〉

〈부라노 레이스〉

그렇게 부라노 섬 곳곳을 헤매다 보니 어느새 점심 시간. 우리는 선착장 주변 작은 식당에서 바다를 보며 새우와 오징어 요리로 배를 채우고는 바포레토에 몸을 실었다. 그런데 우리의 시세포에 눈부심이라는 새로운 유전자가 새겨진 것일까? 바포레토에 부서지는 잔잔한 물결도, 푸른 하늘의 구름도, 간혹 지나는 갈매기도 선명한 색과 빛을 발하고 있다.

〈부라노에서의 점심〉

무라노 섬

베네치아의 기원부터 시작한 여정은 토르첼로와 부라노를 거쳐 이제 '무라노^Murano'로 향한다. 부라노에서 무라노까지는 바포레토로 35분. 배를 좀 탄다 할 정도로 시간이 꽤 걸리는 거리다. 바포레토의 창가 쪽에 앉아 멀어지는 부라노를 바라본다. 시야가 넓어지자 토르첼로의 산타 아순타 대성당의 모습도 보인다. 바포레토의 속도는 쾌속선처럼 빠른데 왜 멀어지는 부라노와 토르첼로의 풍경은 느리게 흔들리는지, 왜 마음도 느리게 멀어지는지 모르겠다.

〈유리 공예의 섬〉 무라노

　무라노에 도착하니, 부라노가 지닌 것과는 또 다른 느낌의 색채들이 빛을 발하며
우리를 반긴다. '무라노 하면 유리, 알지?' 라고 묻는 듯, 긴 파이프로 유리 제품을 만
드는 장인의 모습이 그려진 모자이크가 가장 먼저 눈에 띈다. 그리고 뒤이어 발 닿
는 곳마다 무라노 글라스가 보인다. 무라노 선착장에 내린 대부분의 사람들은 선착
장 왼쪽으로 운하를 따라 걷는데, 유리 제품들을 판매하는 가게들과 무라노 글라스
의 전통을 이어가는 공장들이 줄지어 늘어선 길이다.

10년도 더 전에 처음 무라노를 찾았을 때는 바포레토에서 관광객이 내리자마자 사람들을 어느 유리 공장으로 인솔해 가는 안내인이 있었다. 물론 관람료를 내지는 않았지만, 대부분의 관광객들이 무라노에 첫 발을 딛자마자 당연히 그래야 하는 것처럼 그 공장에 가서 유리 제품 만드는 것을 구경했고 그 공장에서 만들어 파는 유리 제품들을 쇼핑했다.

그런데 다시 무라노에 발을 딛고 보니, 더 이상 그런 안내인은 없었다. 그리고 그때는 하나 뿐인 줄 알았던 유리 공장이, 길을 따라 숱하게 이어져 있었다. 무라노에는 크고 작은 100여 개의 유리 공방 내지는 공장들이 있다고 한다. 이 공장들은 무료로 개방되는 곳도 있고 돈을 받는 곳도 있다. 시간에 따라 첫 번째 몇 공장이 문을 닫았을 경우도 있지만, 길을 따라 계속 가다 보면 꼭 문을 연 공장을 만나게 된다. 무라노 글라스를 만드는 놀라운 장면을 보고 싶다면 포기하지 말고 길 끝까지 발길을 옮겨보기 바란다.

우리는 무료로 개방하는 한 공장에 들렀다. 그런데 무라노에 도착하자마자 우리를 반겼던 모자이크 속 풍경과 똑같은 모습이 눈앞에 펼쳐진다. '칸네'라고 하는 긴 쇠 파이프 끝에 유리를 녹여 붙이고 입김으로 공기를 불어넣으니 순식간에 작은 유리 풍선이 생긴다. 길게, 또는 짧게 호흡을 조절해가며 우아한 곡선을 만들고 긴 쇠집게로 요리조리 모양을 잡아 장식을 만든다. 1,500도의 고온에서 유리 반죽을 입으로 불어 만드는 전통 제작 방식이다. 관광객들이 보는 앞에서는 아주 간단한 작업만을 보여주지만, 공방에서 만들어진 유리 제품 전시관과 판매장을 보면 유리로 예술 작품을 만드는 일이 그리 간단치 않다는 걸 알 수 있다.

〈유리 공예 공장〉 길을 따라 유리 공장과 전시관들이 쭉 이어져 있다.

어두컴컴한 공장 안에서 한 노동자가 긴 쇠 파이프 끝에 유리를 녹여 붙이고 있다.

베네치아가 처음부터 유리 세공업의 중심지였던 건 아니다. 교역의 선봉이자 중심지였던 베네치아는 오리엔트와의 교역을 통해 시리아의 유리 제품을 썼다. 가격이 무지 비쌌지만 제조법을 알 수 없어 그렇게 들여올 수밖에 없었다. 하지만 로마시대 이후 베네치아 유리 장인들이 시리아의 유리 제작법을 습득하여 독자적인 기법을 개발하기에 이르렀는데, 이를 계기로 베네치아는 유럽 유리 산업의 중심지가 되었다.

베네치안 글라스의 역사는 대체로 10세기 초부터로 본다. 13세기에는 베네치아에 있던 유리 공장에서 연이어 화재가 발생하면서 화재의 위험과 연기 피해를 막기 위해 용광로와 기술자들을 무라노 섬으로 모두 이주시켰다고 한다. 제작 기술의 비밀을 지키기 위해 공장을 무라노 섬으로 옮겼다는 이야기도 함께 전해지는데, 비밀을 누설한 자는 엄벌에 처했다 한다. 무라노 섬이 베네치안 글라스의 본산이 된 것은 화재의 위험을 막고 제작 기술의 비밀을 지키려는 데서부터 시작됐단 얘기다.

과거에는 베네치아 하구에 쌓여있는 모래를 유리 재료로 사용했다고 하는데, 요즘은 프랑스산 모래 '사비아'를 사용한다고 한다. 또 금과 카드뮴, 납, 망간 같은 재료를 써서 유리에 색을 낸다고 한다. 베네치안 글라스는 조각이 깊고 색이 선명한 특징이 있다고 하는데, 잘은 모르겠지만 베네치안 글라스의 특별함은 재료의 차이에서만 오는게 아닐 것이다. 오랫동안 이 무라노 섬 안에서만 지켜온 그들만의 기술과 호흡과 땀과, 그리고 크고 작은 수로의 물결 위로 일렁이는 베네치아만의 빛깔과 습기를 머금은 공기, 그 모든 것들이 어우러져 만들어졌으리라.

우리는 제조 과정을 지켜 본 공장의 유리 전시실과 판매장도 둘러봤지만, 작품 수준의 고급 제품들이라 감히 구매할 엄두는 내지 못하고 눈 호강만 실컷하고 나왔다. 그렇다고 그 유명한 베네치안 글라스에 대한 우리의 구매 의욕이 완전히 사라진 건 아니었다. 수로를 따라 난 크고 작은 가게들을 하나하나 구경하며 저렴하고 예쁜 선물용 유리 제품들을 몇 가지 골랐다.

〈무라노의 유리 공예품들〉

　애연가 선배를 위해서는 재떨이를, 과연 이곳에 재를 떨 수 있을까 하며 골랐다.

장도(壯途)를 떠난다며 노잣돈을 쾌척해 주신 어르신을 위해서는 소주잔으로 쓰라

고 모두 다른 색으로 표현된 6개의 잔 세트를, 과연 여기에 소주를 따를 수 있을까

하며 골랐다.

그리고 우리 눈에 엄지 손톱만한 유리 어항에 손톱 반달만한 금붕어 한 마리가 들어있는 제품이 들어왔다. 정말 어떻게 저 안에 금붕어를 넣었나 싶다. 재떨이도 유리잔 세트도 깎아달란 말없이 쉽게 사서 그랬는지, 내내 무표정이던 주인 아주머니는 이 손톱만한 유리 어항을 보들보들한 하얀 종이로 쓱쓱 몇 번 싸더니 공짜라며 웃으신다. '그라치에(Grazie)'를 도대체 몇 번이나 외쳤던지. 베네치아 역사가 그야말로 교역의 역사인데 주인 아주머니가 남지 않는 장사를 했을 리 없고 공짜로 줄 만했으니 그냥 줬겠지만, 그 작은 유리 어항 하나로 우리는 그 어느 때보다 행복한 걸음으로 무라노를 돌아봤다.

베네치아에서 2km 떨어져 있는 무라노 섬은 5개의 작은 섬으로 이뤄져 있고 그 섬들은 다리로 연결돼 있다. 이제는 관광객을 빼면 한적하다 싶을 이곳은 유리 공장이 모두 옮겨왔던 13세기 말에는 3만 명이 넘는 인구가 거주했으며 행정부도 따로 있었고 법과 화폐까지 따로 만들었을 정도로 번성했었다고 한다. 부라노처럼 화려하진 않지만 운하를 따라 서 있는 집들은 비슷한 듯 다른 빛깔로 당시의 고풍스런 분위기를 자아낸다.

15~17세기에는 유럽에서 가장 중요한 유리공예 중심지가 됐다는 무라노 섬을 물길 따라 걷다 보면 이곳이 바로 유럽 유리 산업의 본산 무라노라, 외치듯 서 있는 커다란 현대의 유리 작품들도 곳곳에서 만나게 된다.

〈유리 공예의 섬〉 무라노

　13세기부터 무라노 섬에 모여 유리 제작에 온 힘을 쏟은 장인들의 기술은 발전에 발전을 거듭했다. 15세기에는 수정같이 투명한 유리 '크리스탈로'를 온전히 만들어 내는데 주력했고, 16세기에 이르러서는 투명 유리에 색을 입히는 기법에 더해 금과 애나멜을 입히는 방법도 알아냈다. 또 이 시기, 유리 원료에 있는 금속 물질 때문에 생기는 원시 유리의 희뿌연 색깔을 제거하는 방법도 완벽히 터득했다. 16세기 베네치아 유리 제품에 응용된 기법으로는 밀레피오리(Millefiori 1천개의 꽃이라는 뜻. 서로 다른 색깔의 유리관을 한데 묶어 꽃처럼 색구슬 다발로 보이게 하는 기법), 칼케도니오(Calcedonio 유리를 대리석이나 기타 석재들처럼 보이게 하는 기법), 라티치니오(Latticinio 보통 흰색인 불투명한 유리 실 또는 막대를 투명한 그릇 몸체에 입혀 무늬를 이루게 하는 기법) 등이 있다.

머릿속으로 떠올려 보는 것만으로는 도무지 알 수 없을 유리 공예의 역사를 한눈에 볼 수 있는 '유리 박물관^{Museo del vetro}'도 무라노에 있다. 박물관 건물은 원래 고대 로마 귀족이 지은 저택이었는데, 이후 토르첼로의 주교 마르코 주스티니안의 저택이 된 건물이란다. 지금처럼 유리 박물관이 된 것은 1861년. 고대에서 현대에 이르는 정교한 유리 세공품을 감상할 수 있는 곳이다.

우리는 두칼레 궁전과 코레르 박물관 등을 무료 입장할 수 있는 베네치아 박물관 패스로 이곳도 무료 입장했다. 여러 유명 박물관에서처럼 입구 코인 라커에 가방을 맡긴 후에야 관람이 가능했는데, 이곳은 그 어느 박물관보다 조심스러운 박물관이었다. 깨지기 쉬운 유리 제품만, 게다가 돈으로 가치를 환산할 수 없는 골동품과 작품들만 전시돼 있으니까 당연한 일이다.

사실 다른 미술 작품들과 달리 유리세공 작품들에 대해서는 우리가 아는 정보가 별로 없었다. 이곳엔 시대를 아우르는 작품들이 전시되어 있고, 안제로 바로비에로의 암청색 '바로비에르 웨딩컵'이 꼭 봐야 할 작품으로 꼽힌다는 것 정도였다. 그런데 모든 예술 작품이 주는 감동이 그렇겠지만, 꼭 머리로 알아야 마음이 움직이는 건 아니란 걸 이곳에서도 느꼈다.

단색의 단조로운 모양의 초기 유리 제품들부터, 장식이 화려한 왕과 귀족의 그릇들, 독특한 조명과 조형미를 뽐내는 대형 작품들까지. 갖가지 색깔과 모양의 상상을, 아니 상상 그 이상의 상상을 만나고 꿈꿀 수 있었다. 그런데 그 모든 것이 유리라니. 그 깨지기 쉬운 아름다움을 이렇게 섬세하게 만들고 지켜왔다는 것 자체가 감동이었다.

〈유리 박물관〉 베네치아 무라노 섬.

관람은 주스티니안 궁전 건물을 빠져나와 회랑과 정원에서 마무리된다. 전시를 했다기보다는 곳곳을 유리 작품들로 꾸몄다는 표현이 더 어울릴 듯한 장소다. 우리는 누가 먼저랄 것도 없이 찬 공기를 향해 '훅-' 바람을 뿜었다. 그리고 더 깊고 길게 찬 공기를 들이마셨다. 유리 작품들을 보는 내내 뜨거운 유리 덩어리 속으로 '훅-훅-' 바람을 불어넣었던 장인들의 뜨거운 열기가 느껴졌던 모양이다.

우리는 유리 박물관 정원에서 종탑이 보였던 곳, 무라노의 두오모^{doumo} '산타 마리아 에 도나토 성당^{Basilica dei Santi Maria e Donato}' 으로 걸음을 옮겼다. 후진^{後陣, apse,} ^{기독교의 교회당에서 밖으로 돌출한 반원형의 내진부}에 해당되는 바깥 외벽은 작은 기둥들이 2층으로 떠받치고 있는 주랑 형태로 꾸며져 있는데, 독특하고 아름답다.

7세기에 처음 지어진 이 성당은 무라노 섬의 역사와 함께 한 성당이다. 지금의 모습은 몇 차례의 재건을 거쳐 만들어진 12세기 초 베네치아 비잔틴 양식을 보여준다.

입구는 반대편에 있어 벽돌 건물을 빙 돌아 나가야 했는데, 조그마한 성당이라 금세 성당 앞마당에 서게 됐다. 정면은 특별한 장식 없이 소박하다.

〈산타 마리아 에 도나토 성당〉 무라노의 역사와 함께 한 비잔틴 양식의 두오모.

작은 성당에 비해 널찍하게 품을 내주고 있는 성당 앞마당에 분명 10여 년 전에 왔을 땐 아이들의 웃음소리가 가득했었다. 그런데 이번엔 늦은 오후 시간이라 그런지 거리에도 성당 앞마당에도 사람의 흔적을 찾을 수가 없다. 무라노의 화려한 유리 빛깔만 보고는 관광객들도 모두 떠나버렸나 보다. 지는 햇빛을 받아 오래된 붉은 벽돌들이 더 따뜻한 빛깔을 뿜어내고 푸른 하늘 배경과 정겹게 어울려 자리하고 있는 이 아름다운 성당을 우리 둘만 보고 있다니. 먼저 돌아간 이들에게 미안할 정도였다.

성당에 발을 들여 놓으니 정말 아담하고 포근한 공간으로 쏙 빠져드는 느낌이 든다. 반질반질한 색깔 돌을 이용해 만든 중세풍의 모자이크 바닥은 오랜 성당의 역사를 알려주며 튀지 않게 장식되어 있다. 줄을 맞춰 서 있는 신자들의 의자는 이곳 신자의 숫자를 가늠할 수 있을 정도로 단출하다. 하지만 짙은 갈색 목재 의자엔 오랜 세월 이곳 사람들의 앉아 기도하며 만들어낸 윤기가 감돌아 왠지 마음 뭉클해진다.

성당 전체를 통틀어 가장 중요하다 할 수 있는 제단 뒤 후진의 '기도하는 성모 마리아' 모자이크는 반짝이는 금빛 배경에 자리하고 있다. 13세기 전반에 장식된 베네치아 비잔틴 거장의 작품이라고 하는데, 희한하게도 이곳의 금빛 바탕은 화려함보다는 차분함을 담고 있는 듯하다. 금빛 배경 속에 두 손을 벌리고 서 있는 큰 키의 성모 마리아 역시 온화한 표정으로 이곳을 찾는 이들을 내려다보며 마음으로 기도하라 조용히 속삭이는 느낌이다.

〈산타 마리아 에 도나토 성당의 실내〉

우리는 고요함 속에 한참을 앉아 있었다. 누구를 향한 기도 시간이라기보다는 스스로에게 주는 휴식 시간이었다. 여행은 다리를 쓰고 머리를 쓰고 쉴 새 없이 눈을 쓰는 일이지만 역시 여행에서 가장 많이 쓰이는 건 마음이었다. 온종일 쓰고 또 썼던,

베네치아의 색채에 뺏기고 또 빼앗겼던 마음을 한동안 놓아두었다.

바포레토를 타고 무라노 섬을 떠나는데 베네치아 주변의 작은 섬들 뒤로 석양이 진다. 교회의 둥근 지붕과 벽돌로 쌓은 탑 너머 베네치아의 겨울 석양은 하늘과 바다를 오렌지 빛으로 넓게 물들인다. 이 석양 또한 베네치아 화가들의 그림에 색을 드리웠으리라.

리알토 다리

우리는 공동묘지 섬으로 불리는 '산 미켈레 섬^{Isola di San Michele}' 건너편 '누오베 수변로^{Fondamenta Nuove}' 선착장에 내렸다. 공동묘지 인근이라 선착장 주변에는 관을 짜는 기술자와 묘지를 꾸미는 조각사들이 많이 산다고 하는데, 여행자의 눈에는 제수이티 성당이라는 별칭으로 더 잘 알려진 '산타 마리아 아순타 성당^{Chiesa di Santa Maria Assunta}'만 보인다. 흰색의 밝고 수수한 바로크식 정면을 곧추세우고 있는 이곳은 18세기 초 예수회를 위해 건설된 성당이라고 한다.

우리는 제수이티 성당을 거쳐 '집'으로 간다. 앞으로 여러 날 베네치아에서 지내며 구석구석 그림 여행을 해야 하기에, 우리가 묵을 호텔은 한동안 우리의 집이 된다. 길을 따라 수직으로 '집'을 향해 걷다 보니, 내일 아침에도 건너야 할 '리알토 다리^{Ponte di Rialto}'다.

그냥 길을 따라 다리를 건너기만 한다면, 빼곡하게 자리한 주변 상점들과 다리를 오가는 수많은 사람들 틈에서 화려한 르네상스 시대의 건축과 설계 양식을 찾아보기는 힘들다. 다리 아래 운하를 따라 난 조금 떨어진 길 위에 서야, '아! 이곳이 베네치아를 대표하는 건축물 중 하나인 그 유명한 리알토 다리구나.' 하게 된다.

리알토 다리는 1854년에 아카데미아 다리가 세워지기 이전까지는 대운하를 건너는 유일한 수단이었다. 대운하의 중간지점에 세워진 길이 48m에 이르는 이 다리는 13세기에 처음 건설됐을 때는 나무로 만들어져 배들이 지나갈 때마다 다리가 위로 열리는 도개교였다. 지금의 섬세한 대리석 조각으로 꾸며진 모습은 16세기에 재건축된 것이다. 당시 다리 건설을 위한 공개 입찰에 미켈란젤로를 비롯해 산소비노와 팔라디오 등 유명한 예술가들이 지원했다고 하는데, 당선은 베네치아와 친분이 있던 안토니오 다 폰테 Antonio da Ponte가 됐다. 그의 설계와 디자인으로 '맨 밑은 아치로 되어 있어 그 밑으로 배들이 지나다니고 다리에는 두 줄의 쇼핑 아케이드와 세 줄의 보행자 통로가 있으며 아치형의 기둥들이 삼각의 기둥을 떠받치고 있는' 지금의 모습이 된 것이다.

리알토 다리는 당시 금화 25만 냥이라는 큰돈을 들여 1592년에 완공됐다고 한다.

〈리알토 다리〉 베네치아의 또 다른 상징이다.

그 돈이 얼마나 어마어마하게 큰 금액인지는 감이 잘 오지 않았지만, 대운하 한쪽에서서 우아한 자태의 리알토 다리를 올려다보고 있으니 그 돈이 얼마였든지 아깝지 않으리란 생각이 든다.

리알토 다리 주변은 베네치아 상업의 중심지다. 기념품과 잡화점이 많지만 근처에는 천 년 이상의 역사를 가진 청과물시장^{Erbaria}과 수산시장^{Pescheria}이 있다. 이른 아침부터 정오 무렵까지만 장이 서기에 활기찬 시장 풍경을 직접 보진 못했지만, 내일 새벽이면 또 활짝 열릴 잘 덮어놓은 가판대들 속에서 베네치아 사람들의 생생한 삶이 겹쳐 떠올랐다.

베네치아의 하루가 지고 우리의 하루도 저문다. 우리는 베네치아에서 가장 오래된 성당, '산 자코모 디 리알토 성당^{San Giacomo di Rialto}'의 24시간짜리 커다란 시계를 보며 '집'으로 향했다.

베네치아 미술의 뿌리를 찾아서

돌조각으로 그린 그림, 채색 모자이크 – 라벤나

지오토, 눈부신 푸른색으로 근대 회화를 시작하다 – 파도바 스크로베니 소성당

02

V E N E Z I A

Ravenna 라벤나 / Cappella degli Scrovegni di Padova 파도바 스크로베니 소성당

돌조각으로 그린 그림, 채색 모자이크

라벤나

라벤나^{Ravenna}는 여행자의 시선에서 보면 조금 애매한 위치에 있는 도시다. 볼로냐나 베네치아 같은 도시에서 당일로 다녀오기엔 거리가 좀 있고, 라벤나가 지닌 역사와 여전히 반짝이는 숱한 유물들을 만나기에 하루라는 시간은 한참 부족하다. 그래서 라벤나에 다녀오려면 1박 이상은 머무르는 것이 좋은데, 정해진 여행 기간에서 라벤나를 위해 이틀 이상의 시간을 빼야 될까 살짝 망설여지게도 된다. 하지만 위치와 마음이 좀 애매한 지점에 있더라도, 베네치아 미술 여행을 하게 된다면 라벤나를 위해 시간과 마음을 좀 넉넉히 내놓길 바란다.

이탈리아 동쪽에 위치한 아드리아 해안의 대표적 도시는 이번 여행의 목적지인 베네치아다. 하지만 베네치아에 앞서 도시가 형성되고 번영한 곳은 라벤나고, 베네치아의 미술 뿐 아니라 이탈리아 기독교 미술의 뿌리를 형성한 곳이 바로 라벤나다. 지금은 바다와 7km 정도 떨어져 있지만 라벤나는 한때 바다에 닿은 항구도시였다. 이런 지리적 위치로 인해 로마제국의 마지막 수도가 되기도 했고 중세를 여는 운명에 놓이기도 했던 라벤나. 이곳에는 현재 세계 문화유산으로 지정된 교회만 여덟 개가 있다. 5, 6세기에 지어진 이 교회들을 통해 초기 기독교 미술의 진면목을 볼 수 있는 곳이니, 그냥 지나칠 수만은 없는 일이다. 그래서 우리는 이번 베네치아 여행의 또 다른 출발점으로 이 라벤나를 선택했다.

서기 395년, 거대한 영토를 효율적으로 다스리기 위해 로마제국이 동서로 분열된다. 이후 서로마제국의 황제 호노리우스^{Flavius Honorius 384~423}에 의해 바다 가까이 있던 라벤나는 402년 서로마제국의 수도가 됐다. 그러나 불과 80년 후인 476년 라벤나는 게르만족의 손에 넘어가고, 그로부터 17년 뒤인 493년엔 동고트족의 왕인 테오도리쿠스^{Theodoricus 456?~526}의 지배 아래 있게 됐다. 이후 동고트의 수도였던 라벤나를 다시 탈환한 사람은 동로마제국의 황제 유스티니아누스 1세^{Justinianus I 483~565}였다. 때는 540년. 이후 동로마제국과 동고트족은 여러 차례 라벤나를 뺏고 뺏기는 전쟁을 치렀는데, 552년 마침내 동로마제국이 동고트 왕국을 완전히 섬멸함으로써 다시 라벤나의 주인이 됐다.

몇 줄만 읽어도 머리가 아플 정도의 짧은 주기로 지배자가 달라졌던 라벤나에는 그만큼 다양한 건축 양식이 공존한다. 기존의 서방 예술과 동방의 비잔틴 예술이 융합한 라벤나만의 독특한 건축 양식이 전성기를 맞은 것은 5~6세기다. 서로마제국의 수도가 된 이후 민족이 자주 바뀌던 시기, 라벤나에 지어진 건축물들은 그리스 로마의 전통 위에 초기 기독교 미술이 보여주는 도상학^{iconography}과 동양과 서양의 양식이 절묘하게 어우러져 있다.

네오니아노 세례당

우리는 그중에서 가장 오래된 건축물인 '네오니아노 세례당$^{Battistero\ degli\ Drtodossil}$ ^{Neoniano}'으로 가장 먼저 발길을 옮겼다. 라벤나의 두오모 곁에 자리한 이 세례당은 로마시대에 지은 초기 기독교 세례당이다.

팔각형의 소박하지만 단단해 보이는 벽돌 건물은 430년 무렵 오르소 주교^{Orso} 시절에 건축됐고 내부 모자이크 장식은 후임자였던 네오네 주교^{Neone} 시절인 450년 무렵에 완성됐다고 한다. 라벤나가 서로마제국의 수도였을 때다.

기독교 건물에서 팔각형이 가지는 의미는 일주일인 7일에 부활과 영생의 하루를 더해 8일을 나타내는 것이라 한다. 기독교에서 세례라는 것이 다시 태어남, 거듭남을 상징하는 것이니 주어진 삶에 새 삶이 더해졌다는 의미, 이미 주어진 7일에 여덟 번째 날이 새로 생겨났다는 의미로 세례당을 팔각형으로 짓는 모양이다. 세례당 입구를 향해 몇 계단을 내려가 안으로 들어가면 역시 같은 의미로 커다란 팔각형의 세례반이 나타난다.

〈네오니아노 세례당〉 라벤나에서 가장 오래된 건축물로 팔각형의 소박한 세례당이다.

사실 세례당 내부로 들어서면 중앙에 있는 세례반에는 시선이 잠깐 스칠 뿐이다. 시선은 곧장 천장을 향하고 아치와 창틀과 기둥 구석구석을 향한다. 푸른빛과 황금빛과 일일이 표현하지 못할 빛깔들이 천장에서, 기둥에서, 창틀 주변에서 점이 되어 쏟아 내린다. 아, 모자이크다.

8각형 건물 모양에 따라 모자이크도 8각 구조에 맞춰 장식이 돼 있다. 각이 진 곳에는 여러 성인들의 모습이 표현돼 있고, 이오니아식 기둥과 코린트식 기둥이 만들어내는 아치들 사이사이에도 비문을 비롯해 섬세한 모자이크 장식이 빈틈없이 들어차 있다. 하지만 우리의 시선이 꽂히는 곳은 천장에 있는 '예수 세례' 모자이크다.

내용은 간단하다. 예수가 요르단 강에서 세례 요한으로부터 세례를 받는 장면이다. 그리고 그 주위에는 12사도가 동그랗게 원을 그리며 둘러 서 있다. 그야말로 세례당 천장에 있으면 딱 좋을 내용이다. 그런데 이 간단한 이야기로 천장을 가득 채우고 있는 모자이크는 전체를 봐도, 인물과 사물들 하나하나를 떼놓고 봐도 그저 단순한 모자이크가 아니다. 손톱 크기의 수많은 유리조각이 천장을 덮으면서 만들어낸 섬세한 묘사는 놀라움 그 자체다. 게다가 이건 1,500년도 더 된 작품이 아니던가.

위엄을 몸으로 표현하듯 큰 키에 근육질 몸매를 갖춘 세례자 요한이 강 왼쪽에서 예수에게 세례를 주고 있다. 강물에 허리까지 몸을 담근 예수는 눈을 아래로 향하며 조용히 순종하는 모습이다. 오른쪽 물속에서 갈대를 손에 든 노인은 요르단 강을 의인화한 것으로, 노인의 머리 위 "요르단 JORDANN"이라고 친절히 이름을 붙여 놓았다. 예수의 머리 위로는 성령의 비둘기가 내려오고 있다. 마태오의 복음서에 "성령이 비둘기처럼 내려왔다."는 표현이 있는데, 미술가들은 '성령 = 비둘기'로 표현해 버렸다.

성경에 서술된 너무도 명확한 예수의 세례 장면이라 살짝 반가운 마음이 든다. 그러고 이내 주인공을 둘러싼 배경들이 눈에 들어온다. 세례 요한이 딛고 서 있는 바위 주변의 꽃과 풀들이 앙증맞게 표현돼 있다. 바위의 명암이나 세례 요한의 옷자락 주름도 세세한 표현에 정교함이 보인다. 무엇보다 예수의 벗은 몸을 살며시 비쳐보이게 흐르는 물살은 사전에 어떤 밑그림을 그리고 머릿속으로 어떤 계산을 했기에 저렇게 표현할 수 있을지, 믿기 힘들 정도다. 고개를 들고 그 물결의 일렁임을 보고 있자니 약간의 현기증마저 느껴진다. 세례자 요한의 오른팔과 비둘기, 예수의 머리는 18세기에 복원했고 요한이 들고 있는 접시는 19세기에 복원했다고 하는데, 나머지는 원형 그대로란다.

잘 알겠지만, 기독교에 입문하기 위해서는 '세례 의식'을 치루어야 한다. 지난 죄

〈예수 세례〉 라벤나 네오니아노 세례당. 손톱 크기의 유리 조각들로 저처럼 섬세하게 묘사했다니 놀라움 그 자체다.

에 대한 뉘우침을 물로 씻는 행위로 의식화한 것이라 보면 된다. 몸을 씻는 행위로 영혼의 죄도 함께 씻고 다시 태어난다는 의미다. 예수가 요한에게 세례를 받으러 요르단 강까지 찾아오자 요한은 무척 당황했다고 한다. 예수는 이 모든 것이 신이 원하시는 일이라 설득하는데, 예수에게 죄가 있어서가 아니라, 사람들에게 신의 사랑을 일깨우기 위해서였다고 한다. 예수의 세례가 기독교인들을 하나로 묶어주는 의미가 있다고 설명한 성 바오로의 말이 떠오른다. 초기 기독교 신자들은 세례당 천장을 장식한 이 '예수 세례' 모자이크를 보며 일상의 죄를 뉘우치고 신심을 더욱 돈독히 했을 것이다. 죄 없는 예수가 스스로 세례자 요한에게 몸을 숙이며 세례를 받는 모습은 인간이 일상적으로 저지르는 거짓과 분노와 욕망에 대한 무언의 질책이었을 테니 말이다.

네오니아노 세례당 천장의 '예수 세례' 장면 주위로는 열두 명의 사도들이 간격을 맞춰 둘러싸고 있고 예수의 발 끝부분에는 성 바오로와 성 베드로가 만난다. 사도 옆에 이름이 다 새겨져 있으니, 그것들을 찾아보는 것도 재미있다. 바오로는 머리가 벗겨졌네, 베드로는 왠지 성격이 좀 강해 보인다, 마태오는 사람 참 좋아 보이네 등등. 그렇게 보다 보면, 세례당을 장식한 예술가들이 정말 12사도의 표정이나 헤어스타일, 의상까지 모두 다르게 표현하려 애썼다는 것이 느껴진다. 옷자락의 늘어진 형태나 주름, 그것이 만들어내는 그림자와 신발의 매듭까지, 얼마나 꼼꼼히 표현했는지가 보인다. 그리고 선명한 푸른색 배경은 12사도들 옆으로 기둥처럼 솟아 있는 황금 장식을 더욱 화려하게 만든다.

처음에 모자이크는 강가에서 주운 작은 돌들을 다듬지 않고 색깔대로 붙여 사용했다. 그러다 연마한 돌을 사용하게 된 것은 알렉산드로스 대왕의 동방원정 이후부터라고 한다. 모자이크는 그림처럼 벗겨지거나 훼손될 염려가 적어 오래가는 장점이 있지만 그만큼 비싼 단점이 있다. 때문에 색깔이 들어간 모자이크는 헬레니즘 시대와 로마 시대에서 기껏 공공미술 분야에서 한정돼 쓰였다. 우리가 폼페이에서 볼 수 있는 다색 모자이크는 상류층에서만 즐길 수 있는 호사스런 미술 취향이었던 것이다.

모자이크는 원래 바닥을 장식하던 수단이었다. 고대 모자이크의 전시 장소는 목욕탕이든 공공극장이든 살림집이든 사람들이 함부로 밟고 다니는 곳, 바닥이었다. 그러나 모자이크가 기독교 미술에서 교회 내부를 장식하는 수단으로 수용되면서 그 차원이 달라진다. 우선 바닥으로부터 벽이나 천장으로 위치가 상승했다. 그리고 순수하게 양식화된 문양으로 제한됐던 바닥 모자이크와 달리 성경의 줄거리나 역사를 기록하게 되면서 그 표현이 다양해지고 섬세해졌다. 종교 모자이크는 신의 존재를 대변하는 불변의 그림으로 자리매김 했으며 수많은 색채의 돌조각들로 이전에는 경험하지 못한 다른 차원의 형상을 보여주게 되었다. 그래서 한 미술 사학자는 이 종교 모자이크를 '작은 돌들의 장엄한 합창'이라 표현했다.

네오니아노 세례당을 나서는 길. 1,500년 전 예술가들이 울려대는 장엄한 돌들의 합창으로 가슴이 콩닥콩닥 두방망이질 친다. 라벤나, 이제 시작인건가.

앞으로 라벤나 곳곳에 자리하고 있을 다른 빛깔, 다른 표현, 다른 이야기들의 모자이크 보석상자들을 찾아볼 생각에 걸음이 빨라졌다. 골목골목을 스치듯 지나쳤다. 큰 폭의 할인율로 겨울 세일이 한창인 옷가게들에는 눈길 한 번 주지 않았다. 평소 같았으면 기념품 몇 개는 건졌을 예쁜 소품 가게들도 그냥 지나갔다. 걷다가 사람들과 눈이 마주치면 자연스레 웃음으로 인사를 나누는 것도 하지 못했다. 그런데 겨울 '포폴로 광장 Piazza del Popolo'에 발을 들여놓은 순간, 알아챘다. 우리의 걸음과 시선이 너무 빨랐다는 걸.

겨울 날씨 중에서도 유독 쨍하게 추운 날이라 그랬겠지만, 광장은 조용하고 한적

했다. 하지만 그 시린 공기 속에서도 사람들의 걸음은 여유로웠다. 라벤나의 수호
성인인 산타 폴리네와 산 비탈레 동상이 조각된 두 개의 기둥 뒤 아담한 시청 건물
마저 조급함이 없었다. 기둥 아래를 돌며 비둘기를 좇는 아이의 얼굴에는 연신 웃
음이 터졌다.

우린 걸음을 멈췄다. 누가 먼저랄 것도 없이 시청 옆 카페에 짐을 내리고, 마음도
내렸다. 따끈한 차 한 잔을 놓고 겨울 햇살이 비치는 포폴로 광장 풍경을 한참 내다
봤다. 라벤나에 도착한 이후 우리의 마음은 이 거리에, 이 도시에, 이곳 사람들에게
있었던 게 아니라 오로지 반짝반짝 빛나는 모자이크에만 가 있었던 게 보였다. 사실
은 지금처럼 딴 나라의 풍경을 보며 딴 나라의 사람들 속에서 딴 나라의 차를 즐기
며 마음껏 쉬는 것이 여행의 가장 일반적인 즐거움일 것이다. 엄청난 유적을 보는 것
도, 예술 작품을 감상하는 것도 그 '쉼'과 함께 해야 하는 건데, 잊고 있었다. 우린 침
묵으로 광장을 보다가 서로를 보고, 낮은 목소리로 이런 저런 이야기를 나누고, 결
국엔 웃고, 오랜 세월 이 자리를 지켰을 작은 카페의 주인 노부부를 향해 "그라치에
(Grazie)~" 인사하고, 다시 길을 나섰다.

아리아니 세례당

이제 걸음도 마음도 여유롭게 움직여 라벤나에 있는 또 하나의 세례당, '아리아니
세례당Battistero degli Ariani'으로 발길을 옮긴다.

아리아니 세례당은 테오도리쿠스 왕이 자신의 성당 옆에 지었다는 세례당으로 이
곳 역시 8각형 벽돌 건물이다. 앞서 봤던 네오니아노 세례당보다 1세기 이후에 지어
진 세례당인데 외관은 더 허술하고 살짝 관리가 안된 느낌도 든다.

네오니아노 세례당을 아리아니 세례당과 구별하기 위해 '정교회 세례당'이라 부
르기도 하는데, 이는 아리아니 세례당이 아리우스파를 신봉한 동고트족의 테오도리

쿠스 왕이 지은 세례당이기 때문이다. 아리우스파^{Arianism}는 4세기에 예수의 신성^神^性을 부인한 아리우스의 주장을 교의로 삼았는데, 아리우스는 "예수는 신의 은총을 입어 신의 양자로 선택받은 것이다."라고 주장했다. 니케아 공의회^{Councils of Nicaea}^{325년}에서는 이 같은 아리우스의 주장을 이단으로 규정하고 배척했으나 북쪽 게르만인들 사이에는 널리 퍼져 그들의 민족 종교라 할 만한 지위를 얻었다고 한다.

그런데 이 세례당의 작고 낡은 벽돌 건물 안으로 들어서면 아리우스파에 대한 앞서의 설명이 무색해질 만한 광경이 눈앞에 펼쳐진다. 역시 '예수 세례' 모자이크이다. 그 내용은 네오니아노 세례당과 똑같다. 노인으로 묘사된 요르단 강에서 세례자 요한에게 세례를 받는 예수, 그 머리 위로 비둘기로 상징되는 성령이 하늘에서부터 내려오는 장면이다.

〈아리아니 세례당〉 아리우스파를 신봉한 동고트족이 지은 작고 낡은 벽돌 건물이다.

이 세례 장면을 성경^{마태복음 3.13-17 참고}에서 찾아보면, 세례 후 하늘에서는 "이는

내 사랑하는 아들, 내 마음에 드는 아들이니 너희는 그 말을 들어라."라는 소리가 들려왔다고 한다. 신의 이 음성은 일반적으로 하늘에서 빛살이 내려오거나 손이 불쑥 나타나는 것으로 표현됐고 12세기부터는 신이 직접 얼굴이나 상체를 구름 사이로 내미는 것으로 표현되기도 했다. 사실 그런 표현 없이도 기독교 신자라면 누구나 이 엄숙한 세례 모자이크 속에서 그 성부의 음성을 들었을 것이다. 그렇다면 성부의 음성, 세례를 받는 성자 예수, 비둘기의 형체를 띈 성령까지, 아리아니 세례당의 모자이크는 삼위일체를 묘사한 것이라 할 수 있다. 삼위일체 교리를 받아들이지 않는 아리우스파 건축물에서는 보기 드문 경우라 하니, 더 눈길이 간다.

아리아니 세례당의 예수 세례 모자이크는 네오니아노 세례당보다 전체 분위기와 색채가 훨씬 더 선명하고 밝은 느낌이다. 장식 범위도 넓지 않다. 모자이크는 천장 장식에만 한정돼 있고 아래로는 그저 창이 있고 벽돌로 된 아치가 있을 뿐이다.

천장 동그라미 안에 예수의 세례 장면이 있고 바깥으로 12사도와 십자가가 놓인 옥좌가 있다. 비어있는 왕좌는 최후의 심판 날 신의 자리로 예비 된 것이다. 왕좌 왼쪽에는 천국의 열쇠를 든 베드로가, 왕좌 오른쪽에는 두루마리 성경을 든 바오로가 있다.

예수의 세례 장면은 가운데 예수가 위치하고 있고 오른쪽에 세례 요한, 왼쪽에 의인화된 요르단 강의 신이 있다. 요한은 허리까지 물속에 담근 예수의 머리에 맨손으로 세례를 준다.

그런데 서기 500년 경 표현된 예수의 모습이 좀 의외다. 모자이크 속 예수를 가만히 살펴보니, 어깨는 여성스럽게 부드럽고 넓은 골반을 가졌으며 수염이 없는 곱상한 얼굴이다. 우리가 요즘 흔히 생각하는 멋진 수염에 위엄을 갖추고 장엄함까지 뿜어내는 모습이 아닌 것이다.

서기 313년, 콘스탄티누스 황제^{Constantinus I 274~337}에 의해 기독교가 처음 공인되

〈예수 세례〉라벤나 아리아니 세례당. 초기 기독교에서 예수의 모습이 어떻게 형상화되었는지 보여주는 중요한 자료이기도 하다.

고 성당과 세례당 등 기독교 건축물에는 세례를 받고 기적을 행하는 예수의 일생을 표현할 일이 많아졌다. 기독교 교리를 글로 익힐 수 없었던 당시 신자들 대부분에게 성당 등 기독교 건축을 장식하는 모자이크와 그림은 그대로 성경이 되었다. 그만큼 그것을 표현하는 예술가들에겐 예수의 얼굴을 만들어내는 일이 중요해진 것이다. 그런데 뚝딱 새로운 인물을 창조해 내는 것이 쉬운 일이 아니었을 게 틀림없다. 사람들이 익히 알고 있던 얼굴을 살짝 빌려 쓰는 게 쉽기도 하고 이해도 빠르고 합리적이라고 생각했는지도 모를 일이다. 초기 기독교 미술에선 청년 예수의 얼굴을 '아폴로' 신의 이미지에서 따왔다. 젊고 아름답고 곱상한 얼굴, 초기 기독교 예술가들은 고대 조각 등에서 아폴로 신의 얼굴을 빌어 예수를 표현했다고 한다.

또한 초기 기독교 미술에서는 예수는 성별을 구별하지 않는 신, 즉 남성성과 여성성을 모두 가진 이미지로 표현했다고 한다. 이곳 세례 장면에서도 보면 물 밖으로 나온 예수의 상체 모습은 부드러운 여성성을 가지고 있지만, 강물 속으로 비치는 하체의 모습에선 남성의 성기를 뚜렷이 묘사하고 있다.

예수의 모습은 이후 여러 세기를 거치며 변화를 거듭했다. 그 과정에서 그리스 신화 속 인물을 빌려 쓰는 방법이 쭉 이어졌다. 청년 예수가 아닌 최후의 심판자 예수는 길고 풍성하게 자란 멋진 수염에 근육까지 완벽한, 천공을 지배하는 신 '제우스'의 모습으로 묘사되기도 했다. 그런데 예수 세례를 재현하는 작품 속에서 가장 중요한 변화는 14세기에 생겼다.

세례를 의미하는 그리스어 '밥티스모스baptismos'는 원래 '담근다'는 뜻이다. 그래서 강물에 몸을 푹 담갔다가 물 밖으로 걸어 나오는 것이 옛 세례 장면의 정해진 모습이었다. 그런데 라벤나의 세례당에 표현된 것처럼 허리까지 몸을 푹 담그던 세례의식 묘사가 강물에 발만 살짝 담그는 것으로 간편하게 바뀌게 되는 때가 온다. 그게 바로 14세기의 일이다. 더 이상 예수가 물속에 몸을 담그지 않고 발목만 담그거나 물가에 서 있는 예수에게 요한이 물을 떠다 머리 위에 붓는 것으로 세례 장면이 완전히 바뀌게 된 것이다. 잠시 기독교인의 입장에서 상상을 해보면, 예수가 강물에 온 몸을 담갔다가 물을 뚝뚝 떨어뜨리며 물 밖으로 나오는 모습이 보기 좋진 않았을 것 같다. 물 속에서 나오며 본의 아니게 허둥지둥하게도 됐을 것이다. 그에 비해 그냥 가만히 서서 두 손을 모으고 있으면 요한이 물을 떠다가 머리 위에 붓는 세례 의식은 얼마나 품위가 넘치는 장면인가! 세례 장면 속 예수는 애초부터 그런 포즈를 원했는지도 모른다. 14세기가 되어서야 예술가들이 그림 속 예수의 마음을 읽게 되었다는 것이 살짝 안타깝다.

앞서 말했듯이 이곳 아리아니 세례당은 동고트족의 왕 테오도리쿠스 시절에 지어진 세례당이다. 동고트족에는 금세공 장인들은 많았지만 모자이크 장인들은 거의 없었다고 한다. 그래서 학자들은 이곳의 모자이크가 비잔틴 정교회 장인들의 작품이라고 추정한다. 삼위일체를 부정해 이단으로 내몰린 아리우스파의 세례당을 정교회 장인들이 모자이크로 장식했다니, 정말 종교는 종교고, 예술은 예술인가 보다. 서기 500년경에는 이런 열린 사고가 가능했던 것일까?

기독교의 세례라는 것은 예수라는 강물에 몸을 담금으로 해서 기독교인 전체를 하나로 묶어주는 의미가 있다고 한다. 교리가 조금 다르더라도 예수의 세례 안에서 기독교인이 하나가 되는 것. 당시 정교회였든 아리우스파였든 이 세례당에 묘사된 예수 세례의 의미만큼은 진정 깨닫고 있었던 모양이다.

라벤나의 첫 인상은 그리 화려하지 않았다. 꾸밈이 전혀 없는 아담한 기차역부터도 그랬다. 이탈리아 여느 도시처럼 시청을 중심으로 한 광장이 있고 명품 매장이 즐비한 번화가도 있었지만, 차분한 느낌이었다. 사람이 많은 곳에서도 이탈리아인들 특유의 과장된 몸짓이나 쩌렁쩌렁 울리는 목소리도 없었다. 겨울이었고, 아주 추웠고, 아주 이례적인 어느 날, 우리들만의 느낌일 수도 있다. 하지만 우리가 기억하는 라벤나는 그렇다.

이탈리아의 역사와 예술의 화려한 이력들과 비교해 본다면 시골스러웠다고나 할까? 고요함을 깨트리는 아이들의 목소리도 다른 도시들과는 달랐다. 동양인이 신기한 듯 "Hello!"하며 굳이 말을 걸고 캠코더와 카메라에 끊임없이 눈길을 줬다. 여행자를 괜히 경계하게 만드는 깊은 시선들이 느껴지는가 하면, 점심을 먹기 위해 들른 패스트푸드 가게에서는 명랑한 여자 점원의 친절이 긴장했던 마음을 무장해제시킨다. 우리는 분명히 햄버거와 감자튀김을 파는 조그만 패스트푸드점에서 햄버거 세트를 시켰는데, 점원은 이탈리아 전통 음식이라며 절인 무화과와 양파를 함께 내왔다. 짜장면에 단무지를 먹듯, 햄버거에 절인 무화과를 곁들이니 독특하면서 상큼한 조화를 이룬다. 중간 중간 우리가 맛있게 먹나 살펴보던 아가씨가 한쪽 눈을 찡긋하며 웃음을 보낸다. 우리의 반응이 만족스러웠나 보다.

〈라벤나의 거리〉 화려하지도 번잡하지도 않은 라벤나는 무척 추웠다.

성 아폴리나레 누오보 성당

점심을 먹고 우리는 아리아니 세례당에서 두 블록 남쪽에 있는 '성 아폴리나레 누오보 성당Basilica di Sant'Apollinare Nuovo'으로 향했다. 그런데 문이 닫혀 있다. 우리도 나름 늦은 점심을 먹고 왔다고 생각했는데, 이곳의 점심시간은 우리가 생각했던 것보다 훨씬 길었다. 이탈리아를 여행할 때는 시에스타Siesta, 지중해 연안 국가들의 낮잠 자는 시간를 생각하고 하루 일정을 짜야 한다. 로마나 베네치아 같은 유명 관광지는 그렇지 않지만 시에스타 동안 온 동네가 낮잠에 빠져 쥐죽은 듯 조용해지는 곳이 있다. 성 아폴리나레 누오보 성당처럼 반드시 들러야 할 명소도 점심 때 두 시간 이상 문을 닫는 경우가 많다. 특히 겨울엔 그 시간이 더 길어지는 경우가 많으니 참고해야 한다.

성 아폴리나레 누오보 성당의 안내판을 보니, 30분 정도만 기다리면 관람이 가능할 것 같다. 우리는 성당 바로 건너편 작은 카페에서 커피를 한 잔 마시며 기다리기로 했다. 점심을 먹은 뒤라 한국에서의 습관대로 아메리카노를 주문했다. 에스프레소 하나와 큰 머그잔 하나, 뜨거운 물이 가득 담긴 포트를 가져다준다. 에스프레소에 알아서 물을 타서 마시란 뜻이다. 잔을 내려놓는 주인의 몸짓에서 호의적이지 않은 기운이 느껴진다. 단숨에 넘기면 될 에스프레소 한 잔에 향과 맛과 쓰고 깊음이 모두 담겨있는데 왜 그걸 희석시켜 이렇게 한 모금 저렇게 한 모금, 맛을 분산시키느냐... 뭐 그런 질책이 담겨있는 듯했다. 그래도 우리는 꿋꿋하게 우리 식대로 물을 가득 탄 아메리카노 커피를 마신 뒤 성 아폴리나레 누오보 성당 관람에 나섰다.

〈성 아폴리나레 누오보 성당〉 493년부터 526년까지 라벤나를 지배했던 동고트족의 왕 테오도리쿠스가 지은 왕궁 부속 성당이다.

그런데 커다란 직사각형 바실리카 안으로 몸을 옮기고 나니, 그 에스프레소가 생각났다. 조금 전 에스프레소에 왜 굳이 물을 타서 마시느냐, 무언의 질책을 보냈던 카페 주인이 몸짓이 떠올랐다. 커다란 바실리카 내부엔 정말 '모자이크'만 있다. 의자도 그림도 조각도 없다. 제단도 그저 벽의 일부인양, 안쪽으로 소박하게 자리하고 있다. 오로지 벽을 장식한 모자이크만이 뽐낼 수 있는 모든 화려함을 뽐내며 빛나고 있다. 그러면서 이야기하는 것 같다. 이 모자이크에 모든 것이 있는데, 뭐가 더 필요하냐고. 에스프레소 한 잔이면 되는데, 물은 왜 타냐고.

사실 나중에 알았다. 성 아폴리나레 누오보 성당에는 바로크 양식의 화려한 제단도 있고 측랑을 따라 소성당이 여러 개가 있다는 걸. 그래도 우리 눈에는 모자이크만 박히는 건 어쩔 수 없는 일이다.

성 아폴리나레 누오보 성당은 504년 무렵 건설됐다. 493년부터 526년까지 라벤나를 지배했던 동고트족의 왕 테오도리쿠스가 라벤나를 통치하면서 왕궁 부속 성당으로 지은 것이다. 그런데 540년 동로마제국의 유스티니아누스 황제가 라벤나를 점령하면서 라벤나의 아리우스파 성당들은 로마 가톨릭 성당으로 개축됐다. 원래 테오도리쿠스 왕실 성당이었던 이곳은 서기 856년 클라세 성당에 있던 라벤나 최초의 주교 성 아폴리나리스의 유해를 옮겨오면서 이름이 성 아폴리나레 성당으로 바뀌었다고 한다.

성 아폴리나레 누오보 성당은 넓은 직사각형의 바실리카 양식이다. 24개의 코린트 양식의 기둥이 신랑身廊, nave, 교회당 중앙의 예배를 보는 넓은 공간과 측랑側廊, aisle, 교회 내부에서 측면에 줄지어 늘어선 기둥의 바깥쪽에 있는 복도을 가르고 있는 양식이다. 사실 처음 성당에 들어섰을 때 모자이크 외에 다른 소성당들이 보이지 않았던 건 이 측랑 바깥벽쪽으로 소성당들이 숨은 듯 이어져 있었기 때문이었다.

313년 콘스탄티누스 황제가 기독교를 공인한 이후 기독교 건축 양식은 급속도로 발전하게 된다. 목숨을 걸고 숨어서 예배를 드려야 했던 초기 기독교도들에게 번듯

〈성 아폴리나레 누오보 성당 실내〉 길쭉한 직사각형의
바실리카 양식이 잘 드러난다.

한 성당이 있었을 리 만무하다. 지하 거처나 노출이 덜 되는 가정에 모여 예배를 드렸던 처지였다. 그런데 황제에 의해 기독교가 공인되고 '하우스 처치'에서 왕실의 지원을 받는 교회가 됐으니, 새로운 양식의 권위 있는 예배 공간이 필요했을 것이다. 하지만 예수의 얼굴을 새롭게 뚝딱 만들어낼 수 없어 고대 신화의 인물들에서 차용했듯이, 건축 양식도 마찬가지였다. 이미 있던 양식을 빌려 쓰는 것이 합리적이며 현실적인 방도였을 것이다. 그렇다고 야외에서 의식을 행했던 고대 로마의 이교도식 신전 형식은 빌려 쓰기 어려웠다. 결국 기독교에서 낙점한 건축 양식은 원래 법정으로 쓰였던 바실리카^{Basilica, 장방형의 회당}였다. 이동하며 찬양하고 기도의 행렬을 이루어야 하니 크고 빈 공간이 많은 이 양식이 적합했던 것이다. '끊임없이 움직이는 사람들로 가득 찬 장소' 그것이 초기 기독교 교회, 바실리카였다.

바실리카 양식의 성 아폴리나레 누오보는 신랑과 측랑을 가르는 양쪽 기둥 위로 화려한 모자이크가 길게 이어져 있다. 모자이크로 장식된 상단 벽면은 모두 세 층으로 나뉜다. 일단 기둥 바로 위 가장 넓고 길게 연속적으로 이어진 면, 그 위에 채광창 사이의 면, 또 그 위의 창과 천장 사이의 좁은 면이다. 짧은 시기 여러 번 지배자가 바뀐 라벤나의 역사는 이 성당 안 모자이크에도 고스란히 나타나 있는데, 건물이 처음 지어진 테오도리쿠스 왕 때 제작된 것은 위 두 층의 모자이크다. 가장 넓게 장식되어 있는 기둥 바로 위에 있는 모자이크는 그보다 50년 정도 뒤인 유스티니아누스 황제 때 제작된 것이다.

바실리카 뒤쪽 모서리로 입장한 우리는 시대 순이 아니라 그냥 보이는 대로 보기로 했다. 우선 성당에 들어서면 바로 맞은편 벽면에 있는 '동방박사의 경배와 순교한 성녀들의 행진'이 가장 먼저 눈에 띈다. 그들은 모두 제단 쪽에 있는 아기 예수를 안고 있는 성모를 향해 있다. 성모와 아기 예수는 4명의 천사에게 둘러싸여 있다. 아기 예수를 경배하러 온 동방박사들은 페르시아 풍의 화려한 옷을 입었다. 끝이 뾰족한 프리지안 모자와 원피스 형태의 짧은 튜닉, 레깅스에 망토까지... 그야말로 동방에서 온 이들의 모습이다. 동방박사가 신은 레깅스는 요즘 나와도 각광 받을 디자인이란 엉뚱한 생각도 잠시 해본다. 10세기에 이르면 동방박사들은 더 이상 페르시안 의상을 입지 않고 왕관을 쓴 왕의 모습으로 묘사되는데, 중세에 이들이 성인으로 추앙되면서부터라고 한다.

〈동방박사의 경배〉 라벤나. 성 아폴리나레 누오보 성당.

동방박사의 모자이크를 보고 있으면 이 셋의 연령대도 알 수 있다. 맨 앞에 있는 가스파르^{Gaspar}는 하얀 수염의 노인이고, 가운데 멜키오르^{Melchior}는 수염도 없는 청년, 마지막 발타사르^{Balthasar}는 갈색 수염이 난 중년의 모습이다. 이들은 각각 왕권을 상징하는 황금과 신성을 상징하는 유향, 희생을 상징하는 몰약을 들고 예수 탄생을 축하하며 경배하고 있다. 친절하게도 동방박사 모습 위에 이들의 이름이 써 있다. 그 이름 바로 오른쪽 아래에는 동방박사를 성모자 앞으로 안내한 별이 떠 있는데, 여덟 개의 뾰족한 빛줄기를 발하고 있다. 이는 앞서 세례당이 팔각형이었던 것처럼 숫자 8에 신생, 재생의 의미를 넣어 표현한 것이다.

〈순교한 성녀들의 행진〉 라벤나. 성 아폴리나레 누오보 성당.

동방박사 뒤로는 22명의 성녀들이 왕관을 들고 행진하고 있다. 얼핏 보기에는 그 모습들이 똑같아 보이지만 자세히 보면 모두 다르게 표현되어 있다. 얼굴 표정도, 머리 색깔도, 옷의 무늬와 장식도, 심지어 사이사이 장식한 풀이나 꽃들까지 모두 다르다. 머리를 기울인 각도와 들고 있는 왕관의 색깔도 다르다. 처음엔 우리도 줄을 선 성녀들을 스치듯 한눈에 담고 지나쳤는데, 좀 더 자세히 보자 숨은 그림을 찾듯, 22명이 품은 각기 다른 모습을 찾는 즐거움에 빠지게 됐다. 22명의 성녀들이 비슷한 자세에 딱딱한 표정을 짓고 있는데 이들에게서 오묘한 율동감, 움직임이 느껴지는 게 놀랍기만 하다.

이 성녀들의 행렬을 끝까지 따라가 보면 맨 왼쪽 클라세 항구에 도착한다. 성녀들은 여기서 출발해 성모자를 향해 가고 있는 것이다. 당시 클라세는 라벤나에서 5km

정도 떨어진 곳에 있던 항구 도시다. 이 클라세에도 성 아폴리나레 성당이 있었는데 그곳과 구별하기 위해 테오토리쿠스가 지은 이 성당을 '새롭다'는 뜻의 누오보^{nuovo}를 붙여 성 아폴리나레 누오보 성당이라 부른다. 두 성당은 모두 6세기에 지어졌으며, 현존하는 가장 오래된 중세 교회로 자리매김하고 있다.

성녀들의 행진 맞은편에는 '예수와 순교한 성인들의 행진'이 길게 이어져 있다. 천사에 둘러싸인 예수를 향해 보라색 옷을 입고 맨 앞에 자리한 이가 이 성당의 두 번째 주교 마르티노이고 그 다음이 아폴리나리스다. 그 뒤를 이어 흰 옷을 입은 순교자 25명이 예수에게로 나아가고 있는데 이들 역시 왕관을 들고 있는 모습이다. 또한 이들도 표정이나 머

〈예수와 순교한 성인들의 행진〉 라벤나, 성 아폴리나레 누오보 성당.

리 색깔 등에 미묘한 변화가 있지만 맞은편 성녀들에 비하면 옷의 변화나 장식이 없어 훨씬 단조로워 보인다. 이 순교자들의 행렬은 맨 끝 테오도리쿠스 왕의 궁전에서부터 시작되고 있다.

모자이크 바탕이 온통 황금빛이어서 그런지 바실리카 내부는 밝고 화사한 느낌이다. 행진 모자이크 위로 이어진 커다란 창들이 햇살을 한가득 쏟아놓고 있어 포근함까지 더해진다. 덕분에 창 사이사이에 자리한 예언자와 성인들의 모습은 신비로운 기운을 뿜어낸다. 이곳에는 구약성경의 장로들을 비롯해 4복음서의 저자인 마태오, 마르코, 루카, 요한이 묘사되어 있다. 등장 인물들은 각각의 표정을 짓고 있어 개별성이 강조된다. 또 손에는 책이나 두루마리 같은 각 인물들의 상징물이 표현돼 있어

하나하나 찾아보는 재미도 있다. 그런데 우리의 시선은 인물들이 아닌 창문 둘레로 생긴 좁은 공간에 더 오래 머물렀다. 그 좁은 곳까지, 그것도 모두 다른 문양으로 빈틈없이 모자이크 장식을 했을 손길에 마음이 닿은 것이다. 기적을 행하는 성경 이야기나 거룩한 존재들이 아닌, 색색의 유리 조각들이 마음에 잔물결을 만들고 있었다.

이제 맨 위쪽 모자이크들만 남았다. 천장과 닿아있는 이곳에는 예수의 생애를 묘사한 26편의 모자이크가 있는데, 크기도 작은 데다 멀리 있어 자세히 보기가 어렵다. 배낭 속에 늘 소형 망원경을 챙겨 넣고 다니는데, 이럴 때를 대비해서다. 평소엔 잘 쓸 일이 없어 뺄까 말까 자주 망설였지만 꿋꿋이 넣고 다닌 보람을 찾게 되는 순간이다.

26편의 모자이크는 대체로 성경에 서술된 순서대로 묘사되어 있다. 베드로와 안드레아를 제자로 삼기 위해 부르는 예수와 보리떡 다섯 개와 물고기 두 마리로 오천 명을 먹였다는 오병이어의 기적, 죽은 나사로를 살리는 기적 등이 보인다. 또 최후의 만찬 장면과 겟세마네 동산에서의 기도 모습, 유다의 입맞춤, 부활 후 엠마오 마을에 나타난 예수의 모습도 찾을 수 있다.

그런데 좀 세세히 볼 부분이 있다. 먼저 '최후의 만찬'을 보면 구도가 아주 독특하다. 예수와 제자들이 반원형 모양의 식탁에 비스듬히 기댄 모습이다. 특히 예수와 유다는 긴 의자에 거의 눕다시피 기대 있다. 서기 500년대에 표현된 최후의 만찬은 이런 풍경인데, 이는 침대용 긴 의자에 비스듬히 기댄 채 음식을 먹는 고대 로마의 향연 문화에서 영향을 받은 것이라고 한다. 오래전 한 외국 다큐멘터리 프로그램에서 본 기억이 나는데, 실제 최후의 만찬이 있었던 시기를 재현하면서 구성한 식탁 풍경이 이 모자이크 장면과 흡사했다. 그러니 우리가 최후의 만찬 하면 흔히 떠올리는 레오나르도 다빈치의 작품 같은 구도는 실재하지 않았던 것이다.

수염이 있는 예수와 수염 없는 청년 예수를 구별해 표현한 것도 독특하다. 만선의

〈최후의 만찬〉 라벤나. 성 아폴리나레 누오보
성당.

〈유다의 입맞춤〉 라벤나. 성 아폴리나레 누오보
성당.

기적이나 오병이어의 기적, 죽은 나사로를 살리는 기적 등을 표현한 장면에선 예수
의 모습이 건장한 체격에 수염 없는 청년으로 묘사돼 있다. 반면 최후의 만찬과 유
다의 입맞춤, 엠마오의 예수 등 예수의 수난과 부활 이후의 행적을 묘사한 부분에
선 수염이 길고 머리가 어깨까지 내려와 있는 나이든 모습의 예수가 묘사되어 있다.

　이런 '다름'에는 앞서 아리아니 세례당에서 설명했듯이 예수의 신성을 인정하
지 않았던 아리우스적인 신학관이 반영돼 있다. 아리우스파는 예수를 철저히 사람
으로 해석하는 신학관으로 제1차 니케아 공의회에서 이단으로 규정되었다. 성 아폴
리나레 누오보 성당의 모자이크에는 예수도 한 사람의 인간으로 젊은 청년에서부
터 나이가 들어가며 고난을 받은 뒤 죽음에 이른다는 아리우스적 종교관이 고스란
히 담긴 것이다.

　테오도리쿠스가 이끄는 동고트족이 로마제국을 멸망시키며 고대는 막을 내리고
중세가 시작되었다. 그들은 비록 이민족이었지만 앞서 로마제국이 이룩한 위대한 건
축법을 이어받았고 기독교도 수용했다. 앞선 것들을 버리지 않고 이으며 발전시킨
것이다. 어린 시절을 동로마제국의 수도인 콘스탄티노플(지금의 이스탄불)에서 보

냈던 테오도리쿠스는 비잔틴 예술을 선호했다고 하는데, 그의 건축물을 장식하는 황금빛 모자이크에는 찬란함보다는 마음을 위로하는 따스함이 느껴진다.

넓은 바실리카의 빈 공간이 삭막하게만 느껴지지 않았던 건 그 따스함 때문인 것 같다. 1,500년 전의 예배 공간에 서 있는 우리가 처음에는 참 비현실적으로 느껴졌다. 하지만 발걸음도 시선도 천천히 움직이며 모자이크가 담고 있는 이야기들을 하나하나 새겨보며 알았다. 수많은 이들이 경건함으로 드렸던 미사가 우리의 마음속에 재생되고, 일상의 고단함을 신앙으로 위로받으려 했던 라벤나인들의 기도가 우리의 영혼을 울리며, 구원을 갈망하던 이들의 간절함이 지금 우리의 가슴에도 깃들고 있다는 것을.

갈라 플라치디아의 영묘
"이탈리아의 그 어느 건축물도 산 비탈레 성당과는 견줄 수 없다"

1200년 전 벌써 그렇게 평가됐던 그 '산 비탈레 성당Basilica di San Vitale'으로 향했다. 그런데 동로마제국 유스티니아누스 황제의 찬란한 황금빛을 만나기 전에 로마 시대 유적인 '갈라 플라치디아의 영묘Mausoleo di Galla Placidia'의 어둠 속으로 먼저 걸음을 옮긴다.

영묘는 산 비탈레 성당 뒤뜰에 있다. 440년부터 450년 사이에 지어진 건물은 그리스형 십자가 구조의 작은 예배당 형식이다. 갈라 플라치디아는 서로마제국의 수도를 라벤나로 옮긴 황제 호노리우스의 누이였는데, 서고트족 왕 아타울프와 결혼했다가 그가 죽은 뒤 다시 콘스탄티누스 3세의 황후가 된 여인이다. 콘스탄티누스 3세와의 사이에 태어난 아들 발렌티니아누스 3세가 다섯 살에 황제에 즉위하자 그녀가 25년간 섭정을 했다. 갈라 플라치디아의 섭정은 오랜 세월 정적으로부터 아들을 잘 지켜냈다는 평가를 받고 있다. 또 25년간의 섭정 기간 동안 그녀는 문학과 예술

분야를 전폭적으로 후원했는데, 라벤나의 모자이크가 최고의 예술적 경지에 이를 수 있었던 것도 그 덕택이라 평가된다.

〈갈라 플라치디아의 영묘〉 서로마제국의 마지막 수도였던 라벤나를 25년간 섭정했던 황후 갈라 플라치디아의 영묘.

붉은 벽돌의 영묘 외관은 평범하고 수수해 보인다. 내부로 발을 들여놓으면 작은 공간 안에 어둠이 가득하다. 하지만 어둠에 눈이 완전히 적응되면, 이 공간을 가득 채우고 있는 건 어둠이 아니라 빛이란 걸 깨닫게 된다. 천장에선 황금빛 별들이 쏟아진다. 짙푸른 하늘에 금빛 별들이 원을 그리며 빼곡히 채워져 있고 가운데는 황금 십자가가 빛난다. 하늘도 별빛도, 색색의 작은 돌들로 채워진 모자이크다.

분명, 어둠 속으로 발을 넣었는데 공간 전체가 빛을 뿜어내고 있으니, 처음엔 어리둥절하다. 마치 동굴에 들어섰는데, 반구의 하늘을 수놓으며 별들이 쏟아지는 사막 풍경이 펼쳐지는 것 같다. 그러나 곧 어둠은 정 십자형 영묘가 품은 공기이며, 빛은 영묘의 천장과 벽과 아치를 빈틈없이 채우고 있는 모자이크가 발산하는 색깔의 향연이란 걸 깨닫게 된다. 어둠과 빛이 서로 호흡하며 한 공간을 완성할 수 있다니, 어둠과 빛이라는 극명하게 다른 두 이름이 이렇게 조화를 이룰 줄이야. 잠깐, 그 다른 조화에 적응하느라 시간을 보내야 한다.

사실 왕들과 황후의 무덤이 있는 곳을 어둠으로 감싸는 건 당연하다. 또 그 내벽을 당시 최고의 예술로 화려하게 꾸미는 것도 당연한 일일 것이다. 하지만 어둠을 통해 빛의 축복을 더 크게 드러내도록 한 건, 400년대의 건축가들과 예술가들의 재기 넘치는 표현이었을 터. 이제 두 눈 크게 뜨고 그 빛을 더듬어볼 일만 남았다.

푸른 바탕에 금빛 별들로 수놓은 돔 천장의 네 귀퉁이에는 4명의 복음서 저자들이 묘사돼 있다. 마태오는 천사, 마르코는 날개 달린 사자, 루카는 날개 달린 소, 요한은 독수리로 모두 기독교 미술의 전통적 상징물로 표현했다. 또 돔 천장과 벽면이 만난 반달 모양의 벽면루네트, Lunette 네 곳에는 하늘에 나타난 십자가를 경배하는 사도들의 모습이 있다. 하늘의 십자가는 예수의 재림을 상징하는 것이다. 두 손을 모

〈갈라 플라치디아의 영묘 실내〉 온통 색색의 작은 돌들로 채워진 모자이크는 보는 이의 정신을 황홀하게 한다. Wikimedia Commons

아 기도를 하는 모습이거나, 한쪽 팔을 들어 경외의 뜻을 나타내는 사도들의 동작은 고요한 영묘 안에 작은 리듬을 주는 것 같다. 그리고 그 발 아래 모이를 먹는 비둘기의 움직임은 정말 작은 모자이크 조각들이 만들어낸 것이 맞나 하는 의심이 들 정도로 생생하다.

　모자이크의 도시 라벤나에 있는 수많은 모자이크 작품 중에서도 라벤나가 자랑하고픈 최고의 모자이크를 꼽으라면 바로 이 갈라 플라치디아 영묘를 꼽는다고 한다. 그리고 십자가를 경배하는 사도들 아래 반달형 모양의 작은 공간에 묘사된 두 작품, '성 라우렌티우스의 순교'와 '선한 목자'는 라벤나의 자랑 1호 중에서도 걸작으로 꼽힌다.

　먼저 십자가를 지고 불에 달군 석쇠를 지나려는 성 라우렌티우스가 묘사된 부분부터 보자. 그는 활활 타오르는 불 위에 놓인 석쇠 위를 오르려고 한다. 그를 상징하는 서적과 십자가를 든 모습이다. 왼쪽 책장에는 4복음서가 들어있는 책장이 자리하고 있다. 아마도 그의 신심을 나타내는 배경인 듯하다.

〈성 라우렌티우스의 순교〉라벤나, 갈라 플라치디아의 영묘, Wikimedia Commons

라우렌티우스는 초대 교회에서 로마 빈민을 구호하는 일에 헌신적으로 종사했던 인물인데, 258년 기독교 박해 때 체포됐다고 한다. 그의 혐의는 교황 식스투스 2세 Sixtus II. 재위 257~258 밑에서 재정계를 맡은 연유로 기독교의 교리에서 말하는 하늘의 보화를 황제의 허락없이 무단으로 관리했다는 것이었다. 로마의 황제는 그 보화들을 내놓으라고 명령했고, 라우렌티우스는 그가 돌보던 장애를 가진 이들, 간질병 환자들, 나병 환자들을 내놓았단다. 그에게 보물들은 그런 사람들이었던 것이다. 그는 결국 순교를 당했다. 목이 잘려 순교했다는 이야기도 전해지는데, 4세기 이후 쇠창살 위에서 불태워 죽였다는 전설이 생겨 이 모자이크에서처럼 그것이 그의 중요한 표식이 됐다. 전해오는 이야기에 의하면 그는 화형에 처해지면서도 "여러분, 이미 내 몸의 반쪽은 잘 구워졌소. 뒤집어서 이쪽을 마저 구워 먹도록 하시오. 내 창자는 깨끗하니 날로 먹어도 괜찮을 게요."라는 농담을 했다고 한다. 그리고 성 라우렌티우스의 유해에서는 고기 굽는 냄새가 아닌 은은한 향기가 계속 풍겨져 나왔다고 한다.

이글거리는 화염이 무서운데 성인의 단호한 표정이 더 선명해서 전설에 담긴 향기마저 느껴지는 것 같다. 1,500년도 더 지난 지금 우리도 이런 감정인데, 기독교 초기 신심을 가지고 이 공간에 들어선 이들의 느낌은 어땠을까. 모자이크로 묘사된 성인처럼 온 몸이라도 불사를 정도의 강한 믿음이 들지 않았을까.

다음은 '선한 목자' 모자이크다. 이곳엔 푸른 목초지에서 양떼를 먹이는 예수의 모습이 묘사돼 있다. 그는 목자의 막대기 대신 십자가를 들고 있다. 이곳에 묘사된 예수의 얼굴 역시 우리에게 익숙한 수염 달린 근엄한 모습이 아니라 매끈한 얼굴에 미소년의 모습이다. 앞서 설명했듯이 초기 기독교 미술에서 세상사를 초월한 신의 모습이 아닌 청년 예수의 모습을 아폴로 신에게서 차용한, 그 흔적이 보인다.

그러나 이 모자이크에서는 예수의 얼굴이 아니라 예수가 입은 축 늘어진 옷의 흐름에 더 관심이 간다. 풀밭에서 여러 방향으로 고개를 돌리고 있는 양들의 모습에서는 한가로우면서 미묘한 움직임이 느껴진다. 서기 400년대에 어떻게 저런 모자이크 묘사가 가능했는지. 물론 원근법을 살리고 자연의 빛에 따라 그림자를 표현하고 완벽한 구도를 구상하고, 그런 것은 아니다. 하지만 당시의 모자이크 예술가들이 돌 조각으로 빚어낸 형상이라곤 믿기 힘들 정도로 정교한 장면을 만들어내기 위해 자연을 얼마나 정확하게 관찰했는지, 공간 속에 대상을 얼마나 잘 배치했는지가 한 눈에 드러난다.

갈라 플라치디아의 영묘에는 그녀의 석관을 비롯해 그녀 오른쪽에 아들 발렌티니안 3세의 석관이, 왼쪽에는 남편 콘스탄티누스 3세 관이 모셔져 있다. 이 석관들 위로는 푸른 바탕에 수많은 식물 문양이 빈틈없이 채우고 있다. 숨이 막힐 정도로 정교한 묘사에, 모자이크 예술만이 표현할 수 있는 카펫을 깔아놓은 도톰한 느낌, 거기다 동양적인 정서까지 더해 무슨 최면에 빠진 듯한 기분이 든다.

〈선한 목자〉 라벤나, 갈라 플라치디아의 영묘. Petar Milošević, Wikimedia Commons

〈갈라 플라치디아의 영묘 모자이크 (부분)〉 정교한 묘사에, 모자이크 예술만이 표현할 수 있는 카펫을 깔아놓은 도톰한 느낌, 거기다 동양적인 정서까지 더해져 있다.

더구나 이 영묘의 모자이크 바탕은 모두 파란색인데, 각각의 모자이크마다 그 파랑의 느낌이 다르다. 뿜어내는 빛이 다르고 결이 다르고 그윽함이 다르다. 이 신비로운 푸른빛을 내기 위해 17가지의 다른 톤의 푸른색 돌을 써서 자연스럽게 섞이도록 했다고 한다. 유리에 안료를 섞어 가열한 다양한 푸른색의 유리 조각은 아름다움을 넘어 신비롭기까지 하다. 그래서 봤던 것도 또 보고, 뭐 못 본 게 있나 또 살펴보고, 다 봤나 싶어 나가려다 또 다시 돌아보게 된다. 지금은 영묘 보호를 위해 관람시간을 5분으로 제한하고 있지만, 이곳을 지키는 이들도 그 마음을 아는지 5분을 넘어 10분, 15분이 지나도 진심어린 감동을 크게 제한하지 않는다.

산 비탈레 성당

이제 정말 산 비탈레다. 라벤나를 찾는 이들 대부분은 이 '산 비탈레 성당Basilica

di San Vitale’에서부터 모자이크를 관람할 텐데, 우리는 마지막으로 남겨뒀다. 시대와 걷는 동선을 고려해 그런 것도 있지만, 그냥 아껴둔 거다.

산 비탈레 성당은 평평한 지붕 위에 돔을 얹은 건축물로 유난히 길고 납작한 벽돌로만 지어진 건물이다. 성인 비탈리스가 순교한 자리에 세워진 이 성당은 라벤나가 아직 동고트족의 지배하에 있던 527년에 착공돼 비잔틴 제국이 라벤나를 다시 탈환했던 546년 막시미안 대주교에 의해 완공됐다. 비잔티움 제국의 황제 유스티니아누스Justinianus I 483~565가 라벤나를 정복한 뒤 콘스탄티노플의 성 소피아 사원과 비슷한 구조로 짓도록 지시해 만들어진 성당이다. 폭이 좁은 벽돌로 마감한 외벽과 다각형의 후진은 비잔틴 양식이고, 돔과 출입구, 탑의 모양 등은 로마식을 따라 초기 기독교와 비잔틴 양식을 모두 볼 수 있는 건축물이다.

〈산 비탈레 성당〉 유스티니아누스 황제가 라벤나를 정복한 뒤 콘스탄티노플의 성 소피아 사원과 비슷한 구조로 짓도록 지시해 만들어진 성당이다. Wikimedia Commons

기본적인 구조는 바실리카와 같은 장방형 건물이 아니라 팔각형으로 이루어진 중앙 집중식 건물이다. 묘당廟堂 같은 둥근 모양으로 초기 기독교 교회의 원형이 되는 구조라 할 수 있다. 미사 행렬을 위해 필요했던 바실리카 형식의 넓은 공간 대신, 조용히 묵상하고 기도할 공간이 필요해졌던 시기에 로마시대 건축물에서 차용한 양식이다. 내부에 들어서면 2층 구조의 예배석이 중앙 돔을 에워싸고 있는데, 2층은 여성 신도들을 위한 공간이었다. 초기 기독교 사회에서 여성들은 이렇게 분리된 공간에서만 미사에 참여할 수 있었다고 한다. 팔각형 평면의 커다란 돔을 8개의 네모난 큰 기둥들이 받치고 있다. 이슬람 사원의 장식과 흡사한 8개의 기둥머리 조각이 얼마나 정교한지, 그 유명한 내부 모자이크만 아니었다면 한참을 들여다봤을 거다.

〈예수의 모자이크〉 라벤나. 산 비탈레 성당.

우리는 축복처럼 빛을 쏟아내는 황금 모자이크에 눈을 돌리지 않을 수가 없다. 뭘 먼저 봐야 할지, 산 비탈레에 들어선 우리는 감탄부터 쏟아내느라 한동안 시선 둘 곳을 찾지 못했다. 모자이크는 사제석과 후진後陣, apse에 집중적으로 장식돼 있는데, 마음을 가다듬고 후진 모자이크에 먼저 눈길을 준다. 그중에서도 제단 위 '예수의 모자이크'. 청년의 모습을 한 예수가 파란색의 둥근 구면 위에 앉아 있다. 로마의 황제들이 입었던 자줏빛 옷을 차려입은 예수는 왼손에 짧은 막대를 들고 스스로가 우주의 지배자라는 것을 상징적으로 알리고 있다. 화면에서 예수의 왼쪽에 순교자의 화관을 받고 있는 이는 성인 비탈리스, 오른쪽에서 교회 모형을 들고 서 있는 인물은 산 비탈레 성당 건축을 처음 시작한 라벤나의 주교 에클레시우스다.

사실 산 비탈레에서 예수 모자이크 보다 더 유명한 건 '유스티니아누스와 테오도라 Theodora 508?~548의 모자이크' 다. 산 비탈레 성당의 유명세에는 이 황제 부부의 모자이크도 크게 한 몫을 했을 것이다. 동고트족으로부터 라벤나를 다시 탈환한 동로마제국의 황제 유스티니아누스는 성당 제단 위쪽에 자신과 황후 테오도라가 예수께 예물을 바치는 모습을 모자이크로 제작하라는 지시를 내렸다고 한다.

〈유스티니아누스 황제의 모자이크〉 라벤나, 산 비탈레 성당. Wikimedia Commons

유스티니아누스 황제는 제단 오른쪽에 예수의 성체를 상징한 빵을 담은 성반을 들고 있다. 주변 인물들과는 좀 다르게 자색 망토를 두르고 머리에는 보석으로 치장된 띠 모양의 왕관을 쓰고 있다. 황제 양쪽에는 그를 동행하고 있는 황실의 고위 관직자들과 친위병, 종교 지도자들이 서 있다. 유스티니아누스 황제 옆으로 십자가를 들고 있는 인물은 당시 라벤나의 주교였던 막시미아누스다. 자신의 권력을 과시하기라도 하듯 황제보다 더 앞으로 나와 서있는 듯 보이고, 더 강한 표정으로 묘사되어 있다. 머리 위에는 자신의 이름까지 새겨 넣었다.

그런데 인물들을 보면 황제와 주교 정도만 특색있게 묘사됐을 뿐 나머지는 모두 비슷한 얼굴 표정이다. 정면을 보고 있는 자세도 동일하고 머리 높이와 발 모양, 망토의 주름까지 모두 엇비슷하다. 도식화된 느낌에 딱딱해 보인다. 게다가 거리감과 공간감도 없다. 공간 표현을 원만히 해낼 수 없어 서로 발을 밟고 있는 듯 겹쳐 그릴 수밖에 없었던 예술가의 답답했던 마음이 살짝 엿보이는 듯도 하다.

〈황후 테오도라의 모자이크〉 라벤나, 산 비탈레 성당. Wikimedia Commons

맞은편 황후 테오도라는 예수의 피를 상징하는 포도주를 담은 커다란 잔을 들고 있다. 그녀 역시 양쪽 옆으로 시녀들과 성직자들이 동행하고 있다. 황후는 진주 장식이 가슴까지 흘러내리고 화려한 보석들로 장식된 왕관을 머리에 쓰고 있다. 표정은 우아하면서 위엄 있다. 그녀 주변의 등장인물들 중 화면 가장 왼쪽에 있는 사람은 손으로 출입문의 커튼을 젖히고 있어 유일하게 운동감을 보여주는데, 이를 제외하면 역시 인물들의 얼굴과 움직임은 모두 경직되고 도식화된 형태다. 하지만 유스티니아누스 모자이크와 비교했을 때 인물들이 입고 있는 옷의 형태나 무늬도 다양하고 비슷한 얼굴이지만 표정들이 좀 부드럽다. 주름 잡힌 커튼이나 물을 뿜는 분수는 딱딱함 속에서도 율동감이 느껴지며, 배경 장식들도 모두 밝고 화려해 황제의 모자이크보다 훨씬 보는 재미가 있다. 당시 모자이크 예술가들이 황제보다 황후의 눈치를 더 봤던 게 아닐까? 아니면 황후의 눈치를 보던 황제가 그렇게 하라고 시켰을까? 우린 화려한 황후의 모자이크 앞에서 이런 저런 궁금증을 쏟아 놓았다.

사실 황제와 황후 중 어느 모자이크가 더 세심하게 꾸며졌는지는 문제가 되지 않는다. 다만 미사를 올리는 성당의 제단 좌우로 이렇게 황제 부부의 모자이크를 화려하게 장식된 데는 다분히 정치적 의도가 담겨 있었다는 걸 알아둘 필요는 있다. 황제 부부는 자신들의 머리 뒤로 후광까지 그려 넣어 스스로를 성인 반열에 올려놓고 있다. 성체와 성혈로 상징되는 빵과 포도주를 들고 신께 미사를 봉헌하는 모습을 통해 단순히 신심을 표현한 것으로 보일 수 있지만 그보다는 더 큰 의도가 있었다. 당시 로마제국은 분열된지 오래였고 제국의 서쪽은 이미 게르만족에게 몰락한 상황. 외부로부터의 위협을 막아내고 옛 제국의 영화를 되찾기 위한 구심점이 필요했을 것이다. 그게 바로 종교적 신념이었고, 그 신념의 중심에 제국의 황제가 있어야 했던 것이다. 그렇게 보면 지금껏 산 비탈레에서 우리가 넋 놓고 올려다 본 이 화려한 모자이크 예술은 황제의 선전용 그림이었던 셈이다.

하지만 뭐 어떤가? 어떤 정치적 의도를 담고 있었든지 지금은 이런 작품들이 남아 있음에 그저 감사할 따름이다. 1,500년의 역사를 지닌 모자이크의 홍수 속으로 우리는 다시 시간 여행, 예술 여행을 떠난다.

〈이삭의 희생〉 라벤나, 산 비탈레 성당. 모자이크라 하기엔 너무나도 사실적이다.

후진 입구 아치에는 예수와 12사도, 성 제르바시오와 성 프로타시오의 15개 대형 모자이크가 메달 형태로 이어져 있다. 또 제단 양 옆으로도 구약성경의 장면들이 묘사돼 있는데, 왼쪽에는 아브라함이 이삭을 제물로 바치는 이야기가 그려져 있다. 그 묘사가 너무 사실적이라 믿음을 시험받는 아브라함의 고뇌가 느껴질 정도다.

또 제단 오른쪽에는 아벨과 멜키세덱의 일화가 그려져 있는데 구약성경 속 희생 이야기가 비슷한 형태로 나타난다. 두 성경 이야기 주위에는 모세, 이사야, 예레미야 등 구약성경의 인물들이 묘사되어 있다. 천장 한 가운데는 예수를 상징하는 어린 양이 그려져 있고 그를 호위하는 네 천사와 그 주위로 새와 꽃과 별과 공작들이 섬세하고 화려하게, 정말 빈틈없이 자리하고 있다. 보고 있으면서도 이것이 정말 작은 돌조각들로 만들어낸 모자이크인지 믿을 수 없을 정도였다.

〈아벨과 멜키세덱〉 라벤나, 산 비탈레 성당.

지금도 그리스나 러시아 정교회에서는 그림과 조각을 엄격히 금한다. 뭔가를 형상화하는 것이 십계명 중 두 번째 계명에 해당하는 우상 숭배라 여기기 때문이다. 이 문제에 대해 교황 그레고리오 1세는 당시 대다수의 사람들이 읽을 수도, 쓸 수도 없다는 사실을 강조했다. 그는 글로 쓰여진 성경이 읽을 수 있는 사람을 위한 말씀이라면, 모자이크 그림은 '가난한 이들의 성경Biblia Pauperum' 이라며 교회에서 그림의 필요성을 역설했다.

"예배당에 들어서서 이 신비한 빛을 뿜어내는 모자이크를 경의에 찬 눈빛으로 바라보았을 때 대부분의 사람들은 어려운 라틴어를 읽지 못하는 문맹이었다.

성경을 읽지 못하는 이들에게 설교를 통해 복음을 가르치는 것에는 한계가 있다. 이러한 상황에서 모자이크의 경우와 같이 성경의 이야기들이 교회의 벽면 이곳저곳에 그려져 있다면 모든 사람들이 그것을 기억하고 마음에 새기는데 아주 효과적이다."

사실 모자이크가 주는 감동이 분명했기 때문에 이런 주장과 설득이 가능했을지도 모른다.

〈산 비탈레 성당의 모자이크〉 이 황금 모자이크는 보는 이로 하여금 시간을 초월해 신성한 공간에 있는 것처럼 느껴지게 만든다.

산 비탈레 성당을 지배하고 있는 색은 황금색이다. 사실 산 비탈레 뿐만 아니라 중세 전반에 걸쳐 성당 내부를 장식하는 보편적 빛깔이 황금색이다. 불변의 미덕으로 여겨진 이 황금색은 보는 이로 하여금 시간을 초월해 신성한 공간에 있는 것처럼 느껴지게 만든다. 종교적 환상을 심어주기엔 그만인 것이다. 황금 모자이크는 얇게 편 황금을 바닥에 깔고 녹인 유리를 입혀서 잘라 쓰는데, 산 비탈레 성당을 황금빛으로 물들이는데 들어간 금이 무려 2만 6천 조각이란다. 그 비용은 당시 부유한 은행가들이 제공했다고 하니 일반 신자들의 부담은 없었을까? 금빛 물결 속에서 우린 엉뚱한 생각도 나눠본다.

라벤나는 로마제국이 남긴 고대 문명의 마지막 흔적과 중세의 시작을 알리는 비잔틴 유적을 동시에 볼 수 있는 곳이다. 두 시대의 끝과 시작을 함께 안은 역사 도시인 것이다. 로마의 인물 묘사들을 그대로 받아 안은, 비잔틴의 황금빛 모자이크를 보고 있자니, 옛 예술가들은 그림을 그리기에 앞서 몸을 씻고 마음을 닦았다는 이야기가 떠올랐다. 예술 작품이란 것은 재주로만 이루어지는 게 아니라는 얘기다. 그런데, 도대체 라벤나를 모자이크로 장식한 예술가들은 어떻게 마음을 닦고 어떤 단련된 영혼을 지녔기에 이런 표현들이 가능한 것일까? 우리는 여전히 넋을 놓은 채 한참 동안이나 산 비탈레를 떠나지 못했다.

단테의 무덤

라벤나는 고즈넉하면서 마음 푸근해지는 도시다. 하지만 겨울 날씨는 가늠하기 어려울 정도로 추웠다. 바람이 세차게 불거나 눈보라가 휘몰아치는 것도 아닌데, 턱이 떨릴 정도로 공기가 차가웠다. 라벤나의 모자이크 유물을 순례하는 내내 옷 하나 사 입어야겠다고 생각했는데, 결국 라벤나를 떠나야 할 즈음에야 안감이 두둑한 후드 티셔츠를 하나씩 사 입었다. 그리고 마지막으로 피렌체에서 쫓겨나 마음의 추위를 안고 라벤나에 왔을 '단테의 무덤^{Tomba di Dante}'을 찾아 나섰다.

　단테^{Alighieri Dante 1265~1321}의 무덤은 '성 프란체스코 성당^{Basilica di San Francesco}' 바로 옆에 있다. 1321년 이 성당에서 단테의 장례식이 치러졌다고 한다. 13세기 피렌체에서 교황파와 황제파가 싸우던 시기, 단테는 이 정치 싸움에 휘말려 고향 피렌체에서 추방당했다. 단테 생전에 피렌체에서는 사면을 통보하고 돌아올 것을 요구했지만 단테는 끝내 피렌체로 돌아가지 않고 라벤나에서 생을 마감했다. 단테가 사망한 이후 피렌체에서는 단테의 시신이라도 돌려받고자 했고, 라벤나에서는 단테의 관을 우물에 숨겨 시신을 지켜냈고 현재의 장소에 안치했다고 한다.

　단테의 무덤 위에는 24시간, 365일 꺼지지 않는 등불이 있다. 피렌체 시에서는 단테에 대한 속죄의 의미로 단테의 죽음 이후 지금까지 별도의 예산을 세워 이 등불을 유지하는 값을 라벤나 시로 보내고 있단다. 단테는 지금쯤 마음의 추위가 풀렸을까? 그런데 우리는 너무 늦은 시간에 무덤을 찾아, 단테의 관과 그를 지키는 꺼지지 않는 등불을 볼 순 없었다. 무덤 바깥쪽으로 담쟁이 넝쿨이 무성한 곳에 단테의 무덤이 있다는 표시만을 보고 아쉬운 마음으로 돌아서야 했다.

　이제 라벤나를 떠나야 할 시간. 모자이크도 원 없이 봤는데 쉽게 발걸음이 떨어지지 않는다. 솔직히 말하면 마음이 이 도시를 떠나려 하지 않는다. 조용하다 못해 을씨년스럽고, 소박하다 못해 밋밋한 겉모습 속에 상상도 못할 보석상자들을 숨기고 있는 곳. 라벤나는 그런 매력이 있었다. 고향의 부름에도 끝내 라벤나를 떠나지 않은 단테 역시 그런 매력을 봤던 것일까?

〈단테의 무덤〉 라벤나. 너무 늦은 시간에 무덤을 찾아, 단테의 관과 그를 지키는 꺼지지 않는 등불을 볼 순 없었다.

지오토, 눈부신 푸른색으로 근대 미술을 시작하다

파도바 스크로베니 소성당

눈이 내렸다. 이탈리아에서 처음 만나는 눈이다. 첫눈 내린 풍경은 세상 어디서든 설렘을 안겨준다. 더구나 그것이 베네치아라면 그 설렘을 어떤 말로 표현할 수 있을까? 숙소에서 나와 산타루치아 역으로 향하는 발걸음 발걸음마다 베네치아의 눈이 밟힌다. 좁은 골목을 지나 수로를 건널 때마다 머리에 하얀 눈을 이고 있는 곤돌라를 발견하고는, 작은 다리 위에서 걸음을 멈추고 카메라 셔터를 누른다. 그러면 시간은 하염없이 흘러가버린다. 베네치아는 이렇다. 베네치아에서 만나는 모든 것이 이렇게 시간과 상관없이 발걸음을 멈추게 하고 카메라 셔터를 누르게 한다. 하지만 아직은 이 눈 내린 베네치아의 아침에 깊이 빠져서는 안 된다. 오늘은 베네치아 미술과 이탈리아 미술, 아니 서양 근대 미술의 아름다운 첫걸음을 만나러 가야 되기 때문이다.

눈부신 베네치아를 안타깝게 뒤로 하고 산타루치아 역에서 레지오날레 벨로체 Regionale Veloce라 불리는 빠른 완행? 기차를 타고 30분 정도 달려 도착한 곳은 대학의 도시 파도바 Padova다.

〈베네치아의 첫눈〉 베네치아의 첫눈 내린 풍경은 시간을 하염없이 흘러가버리게 한다.

　내륙 도시지만 브렌타강^{Fiume Brenta}의 수운을 통해 근처의 포강, 베네치아, 비첸차, 페라라 등과 연결된 교통의 요지이자 면직물과 모직물 산업으로 성장했던 파도바. 눈은 파도바에도 내렸다. 그리 크지 않은 파도바 역을 나서자 거리 곳곳이 하얀 눈 세상. 베네치아만큼은 아니지만 옛 도시의 설경은 여전히 말할 수 없는 감동으로 다가온다. 하지만 시간에 쫓기는 여행자는 또다시 발걸음을 재촉할 수밖에 없다.

　역에서 남쪽으로 10분 남짓 걷다보니 왼쪽에 녹색의 정원이 나타난다. 온통 머리에 눈을 이고 있는 이름 모를 나무들과 성곽처럼 보이는 석벽의 잔해. 이곳이 바로 오늘의 목적지인 아레나 정원^{Giardini dell'Arena}이다.

　아레나 정원은 이름에서 알 수 있듯이 로마의 콜로세움이나 베로나의 아레나처럼 고대 로마의 원형경기장^{Arena}이 있던 자리에 조성된 정원이다. 그런데 이번에도 우리는 정원의 눈부신 설경에는 눈길도 주지 않고 곧장 목적지를 향해 걸었다. 이곳 아레나 정원의 한쪽에 서양 근대미술사에서 반드시 처음으로 언급해야 될 작가의 위대한 업적이 보석처럼 숨쉬고 있기 때문이다.

〈스크로베니 소성당〉 파도바 아레나 정원의 한 자리를 차지하고 있는 이 작은 성당에 서양 근대 미술의 시원이 숨어 있다.

중세의 끝자락인 1277년 무렵, 비잔틴 미술의 최고 화가인 치마부에Cimabue 1240?~1302?는 피렌체 근교의 베스피냐노에서 한 양치기 소년을 만났다. 뾰족한 돌로 평평한 바위 위에 양을 그리고 있던 열 살 남짓한 소년. 한눈에 소년의 비범한 재능을 알아본 치마부에는 그를 제자로 맞아들인다. 이후 치마부에와 피에트로 카발리니Pietro Cavallini 1250?~1334?, 조각가 조반니 피사노Giovanni Pisano 1250? ~ 1314? 등의 가르침을 받은 소년은 비잔틴과 고딕이란 두 양식을 한꺼번에 뛰어넘어 르네상스 미술의 초석을 다지게 된다. 그 소년의 이름은 지오토 디 본도네Giotto di Bondone 1267?~1337. 오랜 기간 '화가'와 동의어나 마찬가지였던 그, 지오토를 만나기 위해 우리는 베네치아와 파도바의 눈부신 설경을 스치듯 지나온 것이다.

급한 걸음으로 눈길을 달려온 탓이기도 하지만, 드디어 지오토를 만날 수 있다는 설렘 때문이었을까? 한국에서 출발하기 몇 달 전에 예매해 두었던 입장권을 교환하기 위해 매표소 앞에 섰을 때, 우리는 누가 먼저랄 것도 없이 가쁜 숨부터 몰아쉬었다. 그리고는 입장권을 받자마자 곧장 하얀 눈밭을 가로질러 한 건물 앞에 섰다. 아레나 정원의 한쪽을 차지하고 있는 이 건물은 '스크로베니 소성당 Cappella degli Scrovegni'. 단순한 직사각형 평면 구조의 이 작은 성당이 오늘 우리의 최종 목적지다.

스크로베니 소(小)성당은 악덕 고리대금업자였던 아버지의 죄를 용서받기 위해 엔리코 스크로베니가 1305년 성모 마리아에게 헌당한 가족 성당이다. 그런데, 애초에 자신의 직계 가족들이 기도하고 가족의 묘를 안장하는 정도의 소박한 규모로 계획했던 것이 건축 과정에서 점점 더 큰 규모로 확대되었다. 그러면서 검투사들이 싸웠던 폭력의 장소이며 이교를 상징하는 고대 로마의 원형경기장에 기독교 교회를 지음으로써 당시 사람들에게 성스러운 신의 자비를 체험하게 하는 지역 공공건물의 지위까지 획득하게 되었다. 말하자면 14세기 유럽판 사회 사업인 셈이다.

심지어, 당시 교황으로부터 이 성당에서 치루어지는 성모 축일 미사에 참석하는 모든 사람에게 부분 사면을 내려준다는 교서까지 받아낸 엔리코 스크로베니는 말 그대로 의기양양했던 모양이다. 성당 내벽을 장식하기 위해 당대 이탈리아 최고의 화가, 지오토를 초대한 것이다.

스승 치마부에와 함께 아시시 Asissi의 산 프란체스코 성당 Basilica di San Francesco에서 '성 프란체스코의 일생' 연작 프레스코를 제작하여 20대 초반에 이미 스승을 뛰어넘었다는 평가를 받았던 지오토. 이즈음 30대 후반에 접어든 그는 당대 양식을 극복하고 자기만의 미술을 완성시켜 가던 중이었다. 그리고 자신에게 주어진 텅빈 공간, 벽화를 위해 일부러 다른 장식을 거의 배제한 이 스크로베니 소성당의 내벽을 새로운 기법과 혁신적인 양식의 프레스코화로 가득 채움으로써 지오토는 비로소 '화가'의 대명사가 되었다.

지오토가 사용한 새로운 기법은 부온 프레스코였다. 석회반죽 벽에 그리는 일체의 벽화기법을 의미하는 프레스코화는 대체로 3가지 정도로 나뉜다. 마른 회반죽 벽에 안료로 그림을 그리는 세코 프레스코 secco fresco, 반 쯤 마른 상태의 벽에 그리는 메초 프레스코 mezzo fresco, 그리고 회반죽 벽이 마르기 전, 즉 축축하고 '신선'(이탈리아어로 fresco)할 때 물에 녹인 안료로 그리는 부온 프레스코 buon fresco가 그것이다.

그중 가장 나중에 개발된 부온 프레스코는 회반죽과 안료가 함께 굳으면서 유려한 색채에 그림의 내구성까지 확보할 수 있는 장점이 있다. 하지만 반죽이 마르기 전

〈스크로베니 소성당 프레스코 1〉 지오토. 파도바, 스크로베니 소성당. Wikimedia Commons

에 작업을 마쳐야 하고, 한 번 마른 후에는 수정이 불가능하며, 추운 날씨에는 작업이 진행되지 못하는 등 기술적 어려움이 많았다. 그래서 그날그날 미리 분량을 정해 놓고 화면을 분할하여 채색하는 조르나타^{giornata}라는 독특한 방식을 이용하여 그림을 완성해 나갔다. 하지만 이는 고도의 집중력과 숙련도를 요구하는 방식이었기 때문에 지오토 이전에는 부온 프레스코를 제대로 활용하는 작가가 거의 없었다. 그런데 지오토는 이 스크로베니 소성당의 내벽과 천장 전체를 부온 프레스코로 가득 채운 것이다. 그것도 눈부시도록 아름답게 말이다.

이후 스크로베니 소성당은 오랜 세월 동안 지진과 전쟁을 겪으면서 건물 곳곳에 균열이 생겼고 내부의 습기와 오염으로 프레스코도 훼손이 심각해졌다. 그러던 것이 지난 1980년대 후반부터 20년 가까운 전면적인 보수 작업을 거쳐 오늘에 이르게 된 것이다. 그 덕에 우리는 700년 전 지오토가 남긴 아름다운 유산을 직접 눈으로 확인할 수 있다.

지오토를 만나기 위해서는 약간의 번거로운 절차를 거쳐야 한다. 먼저 최소한 한 달 전 예약이 필수다. 그림 보호를 위해 한 번에 20명 남짓만 입장을 허용하고, 관람 시간도 15분으로 제한하고 있어서 경쟁률이 만만치 않기 때문이다. 그리고 입장권을 받고서도 바로 성당 내부에 들어갈 수 있는 것이 아니다. 15분 정도 대기실에서 다큐멘터리 영상을 보며 몸에서 나오는 습기를 제거해야 된다. 그전에 다른 관람객들이 이미 대기실을 채우고 있다면 실외에서 또 15분 이상 기다려야 되는 것은 물론이다.

하지만 이 모든 번거로움은 대기실 밖 실외에서, 다른 관람객들이 다큐멘터리를 보고 있는 광경을 바라보는 그 순간부터 이미 사라져 버린다. 오로지 쿵쾅거리는 가슴만 느껴질 뿐이다. 우리는 또 각자 준비한 자료들을 꺼냈다. 제한된 관람시간 동안 오로지 작품에 집중하기 위해 암기하듯 메모를 읽고 그림들을 눈에 익혔다.

〈스크로베니 소성당 프레스코 2〉 지오토, 파도바, 스크로베니 소성당.

그런데 잠시 후, 스크로베니 소성당의 내부에 입장하는 순간, 머릿속은 시각이 가져다주는 아름다운 자극에 백짓장처럼 하얗게 변해 버렸다. 입에서는 연신 신음같은 탄식만 흘러나올 뿐. 그렇게 많이 공부했고 그렇게 많이 익혔던 내용들이지만 하나도 떠오르지 않았다. 우리는 지상이 아니라 눈부시게 아름다운 소(小)우주 한 복판에 선 듯한 착각에 빠졌다. 어떤 이는 애니메이션 속 하늘 아래 서 있는 것 같다고 했다.

그것은, 파란색 때문이었다. 내벽은 물론 천장 전체까지 가득 채운, 여태 한 번도 만난 적 없는 울트라마린. '청(靑)'이라는 한자의 의미는 '푸르다'가 아니라 '아름답다'임이 분명했다. 라벤나와 토르첼로에서 만난 비잔틴 모자이크의 찬란한 황금빛 배경은 14세기 초반 지오토에 이르러 이처럼 선명한 파란색 프레스코로 바뀐 것이다.

도대체 이 파란색은 어디에서 온 것일까? 아니, 왜 하필 파란색이었을까?

서기 311년, 콘스탄티누스 대제가 밀라노칙령으로 기독교를 공인한 후 1,000년 가까이 서양 미술은 모자이크의 역사라 할 수 있다. 모자이크는 글을 모르는 대부분의 신자들을 교화하기 위한 수단이었다. 풍부하고도 심오한 색과 빛을 발하는 돌조각이나 유리조각들을 꼼꼼히 짜맞춘 모자이크는 교회 내부를 화려하고 장엄하게 만들었다. 거기다가 성경의 내용을 단순화해서 마치 그림책처럼 이야기를 전개해, 보는 이들로 하여금 무언가 신비하고 성스러운 일이 일어나는 듯한 느낌을 가지게 했다. 그리고 그 모든 것들을 신성한 황금빛 배경으로 감쌌다.

이후 서로마제국의 멸망과 동로마제국의 성상 파괴 운동, 과도기적인 로마네스크 양식을 거친 서양 미술은 12세기 후반 북부 프랑스에서 시작된 고딕 건축을 통해 새로운 전환점을 맞게 된다. 더없이 화려하고 웅장한 성당 건물 자체와 성당 내외벽을 장식한 수많은 조각상들, 루비나 에메랄드처럼 빛나는 스테인드글라스가 신자들의 눈을 황홀하게 한 것이다. 그리고 회화, 즉 그림이 드디어 하나의 독립된 장르로 빛을 발하기 시작했다. 그동안 필사본의 채색 세밀화나 목판 제단화로 겨우 명맥을 이어온 회화는 13세기 후반부터 석회벽에 붓을 이용해 안료를 바르는 프레스코화 제작이 활발해지면서 차츰 모자이크를 대신하게 된 것이다.

그 중심에 지오토가 있었다. 당시 이탈리아는 아직까지 고딕 양식보다 콘스탄티노플, 즉 비잔틴 미술의 영향력이 더 크게 작용하고 있었다. 그런데 지오토는 비잔틴 모자이크가 아니라 고딕 조각에 더 큰 관심을 기울였다. 실제의 공간에 실물처럼 서 있는 고딕 조각상들. 지오토는 과감한 단축법과 명암법을 통해 평면에 입체감과 깊이감을 부여함으로써 고딕 조각의 인물을 회화에 적용한 것이다. 그것은 사실주의로의 첫 발걸음, 위대한 미술사가 곰브리치에 의하면 이전 1,000년 동안 한 번도 시도된 적 없는 혁명과도 같은 사건이었다.

지오토는 여기에 한 가지 혁신을 더 했다. 비잔틴 모자이크의 신성을 상징하는 황금빛 배경을 과감하게 버린 것이다. 대신 가장 흔한 자연의 빛인 하늘색, 즉 파란색을 배경으로 선택했다. 이로써 색채에서도 사실주의로의 여정이 시작된 것이다.

당시 파란색은 보석의 일종인 청금석$^{lapis\ lazuli}$으로 만들었다. 하지만 청금석은 수세기 동안 아프가니스탄 북부의 건조 지대에서만 채굴되었고, 이런 이유로 때로는 금보다 더 가치있는 물질로 대접받기도 했다. 청금석이 만들어내는 파란색, 즉 '울트라마린^{ultramarine}' 이란 이름도 해로를 통해 유럽으로 운반했기 때문에 '바다를 넘었다' 는 의미의 라틴어 '울트라마리누스^{ultramarinus}' 에서 유래한 것이다.

너무나 고가였던 탓에 일반적으로 예수나 성모 마리아 등이 입고 있는 옷을 그릴 때에만 사용되었던 울트라마린. 그런데 이 값비싼 안료를 이처럼 무지막지할 정도로 풍부하게 사용할 수 있었다는 사실은, 그 시절 지오토의 위상이 어떠했는지 짐작할 수 있는 방증이기도 하다. 당시에는 그림 제작에 드는 비용을 후원자가 모두 부담했는데, 스크로베니 가문은 자신들의 막강한 경제력을 바탕으로 최고의 화가, 지오토에게 값비싼 안료를 마음껏 사용할 무대를 만들어 주었던 것이다.

이전까지 한 번도 만난 적 없는 파란색의 천국을 접한 당시 사람들의 기분이 어떠했는지 정확히 알 수는 없다. 하지만 이후 사람들은 이 선명한 파란색에 모자이크의 황금빛과 같은 의미를 부여하기 시작했다.

14, 5세기 이탈리아 화가이자 예술 이론가였던 첸니노 첸니니$^{Cennino\ d'Andrea\ Cennini\ 1360?~1440?}$는 그의 저서 '예술의 서$^{Il\ libro\ dell'arte}$' 에서 "청금석에서 울트라마린을 얻는 과정은 사람의 피를 얻는 것만큼이나 어렵다."고 언급했다. 그러면서 "울트라마린은 모든 안료를 넘어, 영광스럽고, 사랑스러우며 절대적으로 완벽한 안료"라고 예찬했다. 현대의 색채이론가들에 따르면, 깊고 선명한 파란색은 사람의 감성을 풍부하게 하고 순수하고 초자연적인 존재에 대한 욕망을 불러 일으킨다고 한다. 그리

고 그것은, 우리가 이 스크로베니 소성당에서 느끼는 첫 번째 감동과도 다르지 않다.

우리는 한참 동안이나 이 매혹적인 파란색에 넋이 나가 그림을 제대로 보지 못했다. 하지만 곧 정신을 차려야 했다. 우리에게 주어진 시간은 불과 15분 남짓. 13편으로 이루어진 '성모 마리아의 일생' 연작과 26편으로 이루어진 '예수의 일생' 연작, 14편의 '선과 악의 알레고리', 마지막으로 '최후의 심판'까지 남김없이 확인하고 감상하려면 턱없이 부족한 시간이다. 떨리는 가슴을 진정시키려고 몇 번이나 심호흡을 하고 한 편씩 한 편씩 그림을 살폈다.

〈요아킴의 꿈〉 파도바, 지오토, 스크로베니 소성당. Wikimedia Commons

〈스크로베니 소성당 프레스코 3〉 지오토, 파도바, 스크로베니 소성당, Wikimedia Commons.

가장 먼저 우리의 눈을 사로 잡은 장면은 '성모 마리아의 일생' 연작 중 '요아킴의 꿈' 이다. 오른쪽 벽 가장 윗줄, 왼쪽에서 다섯 번째 위치한 이 그림은 제목처럼 마리아의 아버지인 요아킴의 꿈을 묘사한 것이다.

결혼한 지 20년이 지나도록 자식을 갖지 못한 요아킴과 안나. 더구나 요아킴은 아이를 갖지 못했다는 이유로 성전에서 쫓겨나는 수모까지 겪는다. 실심한 요아킴은 집으로 돌아가지 못하고 목동들을 따라 벌판으로 나갔는데 며칠 후 그의 꿈에 천사가 나타난 것이다. 그런데 천사는 놀라운 이야기를 전해준다. 그것은 그들에게 마리아라는 딸이 생길 것이며, 그 딸은 또 인류를 구원할 아들을 낳을 것이라는 예언이었다. 성경에 언급되지 않은 인물인 요아킴의 이야기는 여러 문헌을 통해 전설처럼 전해졌는데, 성모 마리아에 대한 신격화가 그녀의 부모를 신성시하는 데까지 나아간 것이다.

그림의 내용보다 우리의 눈을 행복하게 한 것은 인물들의 표정과 동작이었다. 아이를 갖지 못한 죄책감 때문인지 잔뜩 웅크리고 잠이 든 요아킴. 그의 표정은 힘들고 지친 기색이 역력하다. 맞은편의 목동들은 그런 요아킴의 심정을 아는지 그를 깨우지 않고 평화롭게 풀을 뜯고 있는 양들만 조용히 지켜고 있다. 그런데, 그들의 머리 위로 방금 막 하늘에서 천사가 내려와 요아킴에게 신의 말씀을 전해주고 있다. 깃털처럼 가볍고 날렵한 천사의 비행은 감상자들의 기분마저 들뜨게 한다. 천사의 저 상쾌한 비행 하나만으로 지오토는 이미 중세를 가볍게 넘어서고 있는 것이다.

다시 요아킴의 표정을 자세히 보자. 저것은 분명 인간의 표정이다. 저 표정으로 우리는 요아킴의 상실감과 피곤함을 알 수 있다. 그것은 비잔틴 모자이크 성스러움이나 고딕 제단화의 근엄함에서는 결코 만날 수 없었던 지극히 인간다운 감정의 표출인 것이다. 지오토는 저처럼 살아있는 인간의 표정을 묘사함으로써 또 한 번 중세를 극복하고 있는 것이다.

〈성전에서 상인을 내쫓는 예수〉 지오토. 파도바, 스크로베니 소성당. Wikimedia Commons

인간의 이런 생생한 표정은 이어지는 '마리아의 결혼식', '수태 고지', '마리아의 엘리사벳 방문' 등의 '마리아의 일생' 연작과 '동방박사의 경배', '영아 살해', '나자로의 부활' 등의 '예수의 일생' 연작 곳곳에서 발견된다. 특히 '성전에서 상인을 내쫓는 예수'에는 그동안 한 번도 본 적 없는 폭력적인 예수의 표정과 모습이 묘사되어 있어 보는 이를 놀라게 하기도 한다.

가장 인간적인 표정은 '유다의 키스' 장면에 등장한다. 지난 저녁, '최후의 만찬'에서 자신을 배신할 제자가 있을 것이라 예언하고, 이어 베드로가 자신을 세 번이나 부인할 것이라고 예언했던 예수. 겟세마네 동산에서 고통스러운 기도를 끝낸 그의 앞에 제자 가롯 유다가 나타난다. 부패한 유대 권력자들에게 매수된 유다는 키스로 예수의 정체를 드러내고, 수사관인 듯한 인물은 "저 사람이 예수다!"고 외치며 체포를 종용한다. 그러자 순식간에 예수를 포위해버린 로마 병사들. 분노로 눈에 핏발까지 선 베드로는 칼을 휘둘러 한 사람의 귀를 잘라버린다.

신약성경에서 가장 극적인 사건 중 하나인 이 장면에, 지오토는 신이 아닌 인간 예수의 표정을 묘사하고 있다. 언뜻 보면, 모든 것을 알고 있었다는 듯 예수의 얼굴은 무표정하다. 하지만 뻔뻔하게 입술을 내밀고 있는 유다를 바라보는 예수의 눈빛에는 초탈과 당혹, 배신감, 그리고 연민까지 복잡 미묘한 감정들이 섞여 있다. 믿어지는가? 이 시대가, 얼마 전까지 표정이라고는 찾아볼 수 없는 모자이크가 미술의 주류였던 중세란 사실이. 그 중세의 끝자락에 단지 눈빛만으로 이처럼 복합적인 감정들을 묘사해 낸 지오토는 도대체 어떤 사람이었을까? 온몸에 소름이 돋아난다.

눈길은 이제 이 연작의 가장 대표적인 장면으로 향한다. '빌라도의 재판'과 '십자가형'을 거친 예수의 주검은 가족과 제자들의 품으로 돌아왔다. 자식과 스승의 죽음 앞에서 이루 말할 수 없는 슬픔에 빠진 인물들을 묘사한 그림. 바로 지오토의 대표작인 '비탄(또는 애도)'이다.

〈비탄(애도)〉 지오토. 파도바. 스크로베니 소성당.

싸늘하게 식은 예수의 시신을 둘러싼 인물들. 그들 사이에서 아들을 품에 안고 절망에 빠진 성모 마리아의 비탄이 이 장면의 중심이다. 한 발 뒤로 물러나 보면 조금은 절제된 듯한 감정. 하지만 이미 초점을 잃은 아들의 눈을 차마 바라볼 수 없는 성모의 표정에는 여지껏 만나본 적 없는 슬픔이 드러나 있다. 그리고 그 슬픔은 못자국이 선명한 예수의 발을 어루만지고 있는 마리아 막달레나의 표정과 믿을 수 없다는 듯 두 팔을 벌린 채 상체를 앞으로 숙이고 절규하고 있는 성 요한에서 절정을 이룬다.

웃음뿐만 아니라 슬픔마저도 제대로 묘사하지 않았던 비잔틴 모자이크의 신성과 근엄은 지오토에 이르러 이제 과거의 양식이 되어버린 것이다. 그런데 지오토는 또 한 가지 혁신을 더 한다. 화면 중앙과 왼쪽 하단의 등을 진 여인들. 극도로 단순화된 기하학적 구도의 그녀들은 뒷모습을 보이고 있다. 그게 뭐 특별하냐고? 지오토는 고대 이집트 이후 이어져 왔던, 주제를 전달하기 위해서는 인물의 모습이 완전히 보여야 된다는, 이른바 '정면성의 원리'를 근본부터 무시해 버린 것이다.(그러고 보면, 이 프레스코 연작에 등장하는 인물들 대부분이 정면이 아니라 옆모습을 보이고 있다.) 자세히 보라. 우리는 저 여인들의 뒷모습에서도 슬픔을 느낄 수 있다. 표정없는 단순한 뒷모습만으로도 삶의 고단함과 슬픔이 묻어났던 한국 현대 화가, 박수근의 그림들처럼 말이다.

그런데, 그런데, 지오토의 혁신은 또 이어진다. 그녀들의 뒷모습에서 시작하여 주위 인물들의 배치를 살펴보자. 초록색 옷을 입은 여인의 뒷모습에 가려진 예수의 몸. 그 위로 예수의 손을 부여잡고 애통해 하는 또 다른 여인. 그리고 그 위, 성 요한의 모습까지. 그것은 공간감이었다. 마사초^{Masaccio 1401~1428}가 브루넬레스키^{Filippo Brunelleschi 1377~1446}의 투시 원근법을 화면에 적용시키기까지는 아직 100여년 가까운 세월이 더 지나야 하는 시절이었다. 지오토는 인물들의 배치를 통해 화면에 입체감을 부여하려 했던 것이다. 두 팔을 벌린 성 요한의 열정적 동작 역시 그런 공간감을 전제한 장치다.

〈선과 악의 알레고리〉 지오토. 파도바, 스크로베니 소성당. 왼쪽부터 신의, 정의, 부정을 상징한다.
Wikimedia Commons

숨쉴 틈 없이 이어지는 지오토의 혁신들. 그것은 마리아와 예수의 일생 프레스코 연작 아래 부분에 묘사된 14편의 '선과 악의 알레고리^{Allegory 은유}'에서도 발견된다. 고딕 양식의 성당에서 이 자리는 원래 조각상이 배치되는 곳이었다. 그런데 지오토는 이곳에 석굴암의 감실^{龕室 종교 건축물에서 신위나 작은 불상, 성체 등을 모셔둔 작은 공간} 같은 간결하지만 입체적인 공간을 그려놓았다. 그리고 이곳에 단순한 색채의 여인상들을 배치했는데, 우리는 이들에게서 대리석 조각상 같은 입체감을 느낄 수 있다. 단축법이 적용된 팔다리, 명암법으로 묘사된 얼굴과 목, 흐르는 듯한 주름과 깊은 그림자로 질감마저 느껴지는 의상. 그것은 그림으로 창조한 입체적 환영이었다. 이전 1,000년 동안 한 번도 시도된 적 없었다는 곰브리치의 언급은 바로 이 알레고리 연작에 대한 평가에서 비롯된 것이다.

한 편, 한 편 그렇게 정신없이 지오토의 혁신들을 확인하다 보니 어느새 주어진 시간이 끝나가고 있다. 하지만 아직 놓쳐서는 안되는 장면이 남아있다. 그것은 바로 서쪽 벽면 전체를 차지하고 있는 대형 프레스코화 '최후의 심판'이다.

중앙에 자리잡은 예수. 그의 좌우에는 열두 제자들이 앉아 있다. 그들의 왼쪽 하단에는 천사들의 인도를 받으며 천국으로 향하는 이들이 보인다. 그런데 우리의 눈길이 향하는 곳은 그 반대쪽, 즉 오른쪽 하단의 지옥 부분이다.

벌거벗은 인물들. 그들은 지옥의 악마들에게 상상할 수 있는 모든 고통을 당하고 있는 것처럼 비참한 지경이다. 거대한 악마에게 잡아먹혔다가 배설당하기도 하고, 몸이 잘리고, 거꾸로 매달리고, 억지로 무언가를 먹고, 불에 태워진다. 자세히 보면, 배신자 유다의 자살도 비참하게 묘사되어 있는데, 중요한 것은 유다가 원래 그들 무리의 회계를 담당하는 사람이었다는 사실이다.

〈최후의 심판〉 지오토. 파도바, 스크로베니 소성당. 미켈란젤로의 '최후의 심판'의 모티브가 된 프레스코.

당시 노예 한 명의 값어치에 해당하는 은전 30냥에 예수를 팔아버린 유다와 악독

한 고리대금업자였던 스크로베니 가문. 스스로 목숨을 끊음으로써 죄과를 씻으려 했던 유다와 달리 엔리코 스크로베니는 자기 가문의 악덕을 참회하는 의미로 이 성당을 지었다고 했다. 그것이 진정한 참회였는지, 아니면 또 다른 사회 사업이었는지 정확히 알 수는 없다. 하지만 지옥이 아니라 천국으로 향하고 싶은 욕망을 드러낸 것은 분명하다. 화면 중앙부 하단의 천국으로 향하는 이들 바로 아래, 가까스로 지옥의 심판을 벗어난 그 자리에서 엔리코 스크로베니는 성모 마리아에게 이 성당을 봉헌하고 있는 것이다.

〈성당을 봉헌하는 스크로베니〉 지오토. 파도바, 스크로베니 소성당.
Wikimedia Commons

지오토의 이 작업 이후 그림을 주문한 사람들이 자신의 모습을 작품 속에 배치해 줄 것을 요구하는 게 유행처럼 번졌다고 한다. 비록 완전히 순수한 의도에서 출발한 것은 아니지만, 신 중심의 중세에서 인간 중심의 르네상스로 시대가 이행되고 있다는 최초의 증거인 셈이다. 미술은 이렇게 철학보다 앞서 근대로 나아가고 있었다.

15분은 정말 잔인할 정도로 짧은 시간이었다. 한 장면 한 장면씩 그 내용만 확인하기에도 턱없이 부족한 시간. 프레스코화의 훼손을 막기 위한 최소한의 장치인 그 짧은 시간은 애초에 작품 감상을 위한 시간일 수 없다. 그것은 사실 경배의 시간, 서양 근대 미술의 시원을 눈으로 확인하고 찬탄하는 순례의 시간인 것이다. 그래서 우리는 소성당을 빠져 나오기 직전, 지오토의 영광에 경배라도 올리듯 고개를 들어 천장을 바라보았다.

〈지오토의 별〉 파도바, 스크로베니 소성당. 라벤나의 모자이크에서 만났던 황금별을 지오토는 프레스코로 재현했다. Wikimedia Commons

그곳에는 거짓말처럼 눈부시게 파란 하늘과 수많은 별들이 있었다. 그 순간 우리는 다시 전율했다. 지오토의 하늘이 라벤나에서 만났던 모자이크뿐만 아니라 우리가 그토록 사랑하는 빈센트 반 고흐의 하늘과 꼭 닮아 있는 것이 아닌가! 그곳에는 '아를의 별이 빛나는 밤'의 하늘이, '아를 포룸 광장의 카페 테라스'의 하늘이, '까마귀가 있는 밀밭'의 하늘이 있었다. 고흐가 이 스크로베니 소성당에 왔었던 것일까? 아니 어쩌면 지오토가 500년 미리 고흐의 하늘을 칭찬해 준 것은 아닐까? 우리는 시공을 초월한, 이 아름다운 파란색의 변주에 결국 눈물을 흘리고 말았다. 지오토는 정말 '최초의' 화가였다.

카페 페드로키와 두오모 세례당

'날카로운 첫키스의 추억'만큼 강렬했던 스크로베니 소성당을 뒤로 하고 우리는 다시 파도바 거리로 나섰다. 다음 목적지는 파도바의 또 다른 보석 '산 안토니오 성당'. 원래는 트램^{tram, 노면전차}을 타고 이동할 계획이었지만, 멍한 기분에 발걸음은 갈피를 못잡고 있다. 짧게라도 자리에 앉아 들뜬 가슴을 정리할 시간이 필요할 것 같다. 우리는 트램 노선에서 벗어나 유서 깊은 카페 '페드로키^{Caffè Pedrocchi}'로 향했다.

그런데 이상한 일이었다. 파도바에서 가장 번화한 가리발디 광장을 지나 조금만 걸으면 나타난다는 카페 페드로키. 지도상으로는 분명 5분 남짓만 걸으면 나타나야 할 카페가 눈에 보이지 않는 것이다. 얼마를 헤맸을까? 우리의 눈앞에는 뜻밖에 아름다운 시계탑^{Torre DellOrologio}이 나타났다. 정신없이 걷다보니 시뇨리 광장^{Piazza dei Signori}까지 온 것이다.

이탈리아에서 가장 오래되었다는 이 아름다운 시계탑은 15세기 초반, 파도바 대학의 과학적 성과를 바탕으로 제작된 것이다. 중앙에 지구를 두고 해와 달, 별자리를 배치한 이 기계식 시계는 아리스토텔레스의 철학과 프톨레마이오스의 지구 중심설에 바탕을 둔 것이다. 하지만 이후 코페르니쿠스와 갈릴레이를 배출한 도시답게 여러 차례의 조정과 보수공사를 거친 끝에 지금까지도 거의 오차없이 작동하고 있다고 한다.

〈시계탑〉 파도바 시뇨리 광장의 시계탑은 이탈리아에서 가장 오래된 기계식 시계다.

그런데 우리는 이 시계에서도 지오토의 흔적을 발견하고 말았다. 황금빛 조각으로 묘사된 황도 12궁의 별자리들 바깥 부분에 지오토의 하늘이 묘사되어 있는 것이다. 울트라마린의 푸른 밤하늘과 황금빛 별들. 그것은 좀전에 우리의 눈을 황홀하게 했던 스크로베니 소성당이 하늘과 다르지 않았다. 밤하늘이니 그렇게 묘사하는 것이 당연하지 않느냐고 반문할지도 모른다. 하지만 우리의 시각과 이성에 자리잡고 있는 그 당연함이 시작된 것이 바로 르네상스다. 그리고 그 르네상스 미학의 시초가 지오토인 것이다.

근처의 상인에게 카페 페드로키를 물었다. 그러자 이내 우리의 어리석음이, 아니

편견이 드러나고 말았다. 알고 보니 우리는 이미 카페 페드로키 앞을 지났던 것이다. 그런데도 카페를 발견하지 못한 것은 간판 때문이었다. 카페 페드로키는 간판이 없었다. 아니 간판이 필요 없었다. 신고딕 양식의 크고 아름다운 건물, 그 자체가 카페 페드로키의 간판이나 마찬가지였던 것이다. 치열한 경쟁 논리가 지배하고 있는 후발 자본주의 사회를 살아가는 우리의 눈은 그렇게, 아름다움이 아니라 간판 즉 상품만 찾고 있었던 것이다.

〈카페 페드로키〉 18세기에 처음 문을 연 이 카페는 파도바 문화와 사교의 중심지였다.

카페 페드로키 앞에서 여지없이 민낯을 드러낸 우리의 천박한 미감. 조금은 씁쓸한 기분으로 카페 페드로키에 들어섰다. 그런데 예상했던 것보다 훨씬 더 아름답고 고풍스러운 실내 장식이 그런 우리의 마음을 달래주었다. 그래서 아직은 부담스러운 쓰디쓴 에스프레소 대신 카푸치노를 한 잔씩 주문했다.

카페 페드로키가 처음 문을 연 것은 18세기 후반이다. 베네치아의 카페 플로리안

Caffè Florian이나 로마의 카페 그레코^{Antico Caffè Greco}에 비해 조금은 덜 알려진 카페 페드로키는 19세기 초반에 신고딕 양식으로 재건축되면서 유명세를 타기 시작했다. 건물 2층에는 커다란 무도회장을 만들어 작곡가 롯시니에게 헌정했고, 그 주위에 각기 다른 양식의 아름다운 방들을 만들어 파도바의 귀족, 예술가, 문학가들의 관심을 끌었다. 이후 자연스럽게 파도바의 문화와 사교의 중심지가 된 카페 페드로키는 근처의 파도바 대학생들과 애국자들의 활동의 근거지가 되기도 했다.

전 유럽이 혁명의 물결에 휩쓸렸던 1848년, 프랑스의 2월 혁명이 일어나기 직전, 이탈리아 곳곳에서 시민 봉기가 일어났다. 오스트리아 제국의 지배 아래 있었던 파도바도 빈체제에 대한 저항에 동참했는데 그 중심에 카페 페드로키가 있었다. 당시 페드로키에 모인 대학생들과 애국자들은 잡지 '카페 페드로키'를 발간하여 시민의식과 애국주의를 고취했는데, 그러다가 1848년 2월 8일 마침내 두 대학생의 죽음과 교수 파면, 대학 폐쇄로 이어지는 오스트리아 제국의 일련의 폭압적 통치에 저항하여 시민 봉기를 일으킨 것이다. 이후 이탈리아 곳곳으로 퍼져간 자유주의 시민 봉기는 리소르지멘토^{Risorgimento}, 즉 이탈리아 통일 운동으로까지 이어졌다. 말하자면 파도바의 카페 페드로키도 이탈리아 통일 운동의 산실 중 하나인 셈이다. 카페 건물 한 곳에 마련된 '리소르지멘토 박물관^{Museo del Risorgimento}'은 그 역사적 현장을 증언하고 있다.

우리는 이 유서깊은 카페 페드로키의 한 자리를 차지하고 앉아 제법 긴 시간 이야기를 나누었다. 스크로베니 소성당의 감동을 공유할 때는 까닭모를 눈물이 맺히기도 했다. 하지만 아직 본격적으로 베네치아 미술의 아름다움을 만나기 전이다. 가야 할 길은 많고 반드시 봐야될 수많은 그림들이 우리를 기다리고 있다. 이제 정말 시작인 것이다.

우리는 카페 페드로키에서 나와 한결 가벼워진 발걸음으로 '산 안토니오 대성당'

이 아닌 파도바의 '두오모Duomo di Padova'로 향했다. 그곳에 반드시 만나야 할 작품이 있다는 사실을 뒤늦게 알게 된 것이다. 그것은 카페 탁자에 놓여있던 이탈리아어로 된 파도바 여행 안내 팜플렛 때문이었다. 아이패드의 어플리케이션을 통해 띄엄띄엄 번역해본 결과 두오모의 세례당에 지오토의 직접적인 영향력을 확인할 수 있는 작품이 있다고 한다.

〈파도바의 두오모와 세례당〉 로마네스크 양식이지만 붉은 벽돌로 외벽을 마감하여 소박해 보인다.

2시간 전 길을 잘못 들어 우연히 만났던 시계탑을 다시 지나 두오모 앞에 섰다. 벽돌이 그대로 노출된 두오모의 미완성 파사드는 언뜻 초라해 보일 정도다. 하지만 우리는 이미 저 소박한 스크로베니 소성당에서 베네치아 화파는 물론이고 서양 근대미술의 아름다운 시작을 만나고 왔다. 이제는 세례당 차례다.

파도바 두오모의 부속 '세례당Battistero di San Giovanni'은 피렌체의 '산 조반니 세례당'과 마찬가지로 성 요한에게 헌당된 세례당이다. 12세기 후반에 건축을 시작하여 14세기에 지금의 모습을 갖춘 이 세례당은 기본적으로 로마네스크 양식이지만 붉은 벽돌로 외벽을 마감하여 피사나 피렌체의 화려한 세례당에 비하면 소박하기 그지없다. 하지만 이 소박한 외관의 세례당은 그 속에 또 다른 보물을 숨겨 두고 있는데, 그 보물은 주스토 데 메나부오이^{Giusto De Menabuoi 1320?~1391?}의 프레스코화 연작이다.

〈세례당 프레스코〉 주스토 데 메나부오이. 파도바, 두오모 세례당. 성경 속 주요 장면과 최후의 심판을 묘사한 프레스코 연작이 세례당 내벽과 천장 전체를 가득 채우고 있다. Wikimedia Commons

미술사를 제법 깊이 있게 연구한 사람에게도 낯선 이름의 작가, 주스토 데 메나부오이. 우리 역시 이 낯선 작가에 대한 정보가 전혀 없는 상태로 세례당 문을 열었다. 스크로베니 소성당에 비해 훨씬 어두컴컴한 실내. 우리는 마치 뒤통수를 야물게 얻

어맞은 듯한 충격을 받았다. 그리고 입을 다물 수 없었다. 창세기를 시작으로 구약성경과 신약성경 속의 주요 장면들과 최후의 심판, 천국의 모습을 묘사한 프레스코화가 내벽과 천장 전체를 빈틈없이 가득 채우고 있는 것이 아닌가!

그런데 어쩐 일인지 그림들에게서 낯익은 느낌이 든다. 비록 어둡긴 하지만 화면 구성과 인물의 표정과 동작들은 몇 시간 전에 만났던 지오토의 프레스코 연작과 분명히 닮아 있었다. 우리는 누가 먼저랄 것도 없이 스마트폰을 이용해서 그의 이름을 검색했다. 인터넷에서도 찾기 힘든 작가, 주스토 데 메나부오이. 아니나 다를까 그는 지오토와 마찬가지로 피렌체 출신이었다. 그리고 이곳 파도바에서 주로 활동했다고 한다. 지오토의 혁신이 베네치아 화파는 물론이고 르네상스 피렌체에서도 꽃을 피우기까지는 아직 몇 십년의 시간이 더 필요한 시기였다. 말하자면 메나부오이는 아직 마사초가 나타나기 전인 14세기 중, 후반 지오토의 혁신과 미적 성과를 보존하고 발전시킨 작가였던 것이다. 그리고 지오토와는 달리 끝까지 파도바에서 활동을 이어가 얼마 후 등장하게 될 베네치아 화파의 색채 중심적 화풍에도 영향을 미친 작가였다.

우리는 또 반쯤 넋이 나간 상태로 작품들 하나 하나를 살폈다. 지오토 풍의 인물 묘사와 화면 구성이 언뜻언뜻 눈에 들어왔다. 특히 '수태 고지'니 '유다의 키스'는 분명 지오토의 작품들과 닮았지만 그것들에 비해 구도가 좀 더 복잡해지고 역동적으로 바뀌었다. 메나부오이가 얼마나 많이 지오토를 연구했을지 확인할 수 있는 부분이다. 그런가 하면 메나부오이는 아직 초보적이긴 하지만 투시원근법까지 구사하고 있었다.

〈동방박사의 경배〉주스토 데 메나부오이. 파도바, 세례당. Wikimedia Commons

〈유다의 키스 외〉주스토 데 메나부오이. 파도바, 세례당.

고개를 들어 쿠폴라를 장식하고 있는 '천국'과 '최후의 심판'을 바라보았다. "나는 알파요 오메가다."라고 적힌 성서를 든 예수를 중심으로 동심원을 그리며 배치된 성인들과 천사들. 피렌체 '산 조반니 세례당'의 쿠폴라를 장식하고 있는 모자이크가 이 파도바의 세례당에서는 프레스코화로 바뀐 것이다.

〈천국〉 주스토 네 메나부오이. 파도바, 세례당.

비록 스크로베니 소성당에서 느꼈던 미적 감흥보단 덜 하지만, 우리는 메나부오이의 프레스코를 통해 지오토의 화풍이 어떤 식으로 계승, 발전되고 있는지 확인할 수 있었다. 그것은 하마터면 놓칠 뻔한, 정말 생각지도 못한 성과였다. 미술은 그렇게 우리가 모르는 사이에 씨줄과 날줄로 얽혀 역사를 만들어가고 있었던 것이다.

우리는 뜻밖의 선물을 받은 것처럼 기쁜 마음으로 세례당을 나섰다. 그리고 이제 정말 파도바 여행의 또 다른 중심, '산 안토니오 대성당 Basilica di Sant'Antonio'으로 발길을 옮겼다.

＊'산 안토니오 대성당'은 이탈리아의 가장 중요한 성지 순례지 중 한 곳이고, 파도바 여행의 중심지다. 하지만 베네치아 미술을 중심으로 이 여행기를 기획한 만큼 '산 안토니오 대성당'에 대한 언급은 따로 하지 않으려 한다. 왜냐하면 라벤나와 토르첼로, 파도바에서 시작한 우리의 여정은 이제부터 본격적으로 아름다운, 베네치아의 그림들을 만나야 하기 때문이다.

03

V E N E Z I A

베네치아, 색과 빛의 마법에 빠지다

대체 불가능의 수상 도시 - 카날 그란데

황금빛 모자이크에 눈이 멀다 - 산 마르코 대성당

조반니 벨리니, 우아한 색채의 세계를 열어젖히다. - 산 자카리아 성당

티치아노, 회화의 군주로 데뷔하다 - 산타 마리아 글로리오사 데이 프라이 성당, 산타 마리아 델라 살루테 성당

틴토레토, 미운 오리 새끼에서 백조로 - 스쿠올라 산 로코, 두칼레 궁전, 산 조르조 마조레 성당, 코레르 박물관 - 카르파치오의 발견

대체 불가능의 수상 도시

카날 그란데

오렌지 주스와 커피, 크로와상, 사과 한 알이 전부인 호텔 조식도 맛있게 먹고 우리는 베네치아 거리에 나섰다. 아직은 해도 뜨지 않았고 베네치아인들도 여행객들도 뜸한 시간. 괴테의 지적처럼 두 팔을 뻗으면 팔꿈치가 닿을 만큼 좁은 골목을 지나 리알토 다리^{Ponte di Rialto}로 향하는 길은 어둠의 끝자락이 안개처럼 스며있어 언뜻 을씨년스럽기까지 하다. 하지만 그것도 잠시, 어느새 '카날 그란데^{Canal Grande 대운하}의 물결이 일렁이며 일렁이며 우리에게 다가와 마음을 온통 흔들어 놓는다.

간간히 지나가는 바포레토와 계류장에 묶인 채 흔들거리며 아침을 시작하는 곤돌라들. 그 유연한 율동과 어깨를 나란히 하며 수로 옆으로 난 길을 걷는다. 그리고 잠시 후 나타난, 아름다운 활 모양의 리알토 다리. 다리 위의 상점들은 아직 문을 열지 않았고 다리를 건너는 사람들도 별로 없다. 우리는 사흘 전처럼 리알토 다리 위에서 걸음을 멈추었다. 그리고 한참이나 카날 그란데의 아침을 바라보았다.

〈곤돌라와 바포레토〉 이른 아침 리알토 다리에서 바라보는 카날 그란데는 그 어떤 무대보다 황홀하다.

마침 발아래로 바포레토가 지나간다. 그러더니 전방에 나타난 곤돌라 한 척을 보고는 이내 속도를 줄인다. 곤돌라는 또 바포레토가 양보해 준 항로에서 슬며시 벗어나더니 계류장으로 들어간다. 지난 밤, 술이라도 한 잔 마신 걸까? 이른 아침에야 곤돌라를 계류시키는 곤돌리에gondolier 곤돌라 사공의 노젓는 솜씨가 위태로우면서도 환상적이다.

그렇게 바포레토와 곤돌라가 만들어낸 무언극을 관람하다보니 어느 순간 수로 위의 건물들이 밝아지기 시작한다. 해가 뜬 모양이다. 맞은편 건물 사이를 건너온 햇빛은 무대를 비추는 조명처럼 오래된 건물들의 원색을 밝혀낸다. 빛과 색의 화려한 크로스오버. 이른 아침 리알토다리에서 바라보는 카날 그란데는 그 어떤 무대보다 황홀하다.

우리는 원래 계획을 바꾸어 바포레토에 오르고 말았다. 목적지인 '산 마르코 광

장' 까지는 천천히 걸어도 10분 남짓이면 도착하지만 오늘은 카날 그란데의 저 일렁
이는 물결과 함께 시작하고 싶다.

〈카날 그란데 풍경 1〉 바포레토를 타고 카날 그란데를 통과하다 보니 눈앞에 아침을 여는 곤돌라 한
척이 지나간다.

　도로가 없고 따라서 자동차도 없는 도시, 베네치아의 가장 대중적인 교통 수단은
수상 버스인 바포레토^{Vaporetto}다. 1인당 6만원이 훌쩍 넘는 곤돌라는 가난한 여행자
에겐 애초에 그림의 떡. 더구나 늘 시간에 쫓기기 마련인 여행자에게 시간이 많이 걸
리는 곤돌라 탑승은 다른 일정들을 포기해야만 누릴 수 있는 호사일 뿐이다. 이렇게
포도를 따 먹지 못한 여우의 심정으로 바포레토에 오르긴 했지만 눈앞에 아침을 여
는 곤돌라 한 척이 지나가니 가슴이 또 일렁인다. 어쩔 수 없이 카메라 셔터만 누르
며 카날 그란데의 경치를 감상한다.

운하의 양 쪽으로 지나가는 수많은 건물들. 석호의 모래톱에 헤아릴 수 없이 많은 말뚝을 박고 지반을 다져서 쌓아 올렸다는 건물들이 물결의 출렁임에 따라 움직이는 것처럼 보인다. 그것은 착시임에 분명했다. 하지만 수면에 비친 실루엣을 마블링처럼 해체시켜버리는 물살의 일렁임에 집중하다보면 어느새 건물들이 물 위에 뜬 배처럼 함께 일렁이고 있음을 느끼게 된다. 베네치아만이 보여줄 수 있는 풍경이다.

〈카날 그란데 풍경 2〉 건물들이 물 위에 뜬 배처럼 함께 일렁이고 있다.

언뜻 이 물 위의 도시가 위태롭게도 느껴진다. 그것은 섬 여행을 떠나온 육지 사람들이 흔히 느끼는 공통된 감정이다. 아무리 작은 섬이라 하더라도 그 뿌리는 지각판까지 굳건히 서려 있을텐데 행여 폭풍우라도 몰아치는 날이면 근본없이 멀리 멀리 떠내려가 버릴 것 같은 두려움 말이다. 더구나 베네치아는 지각판이 아니라 석호 위에 인위로 만들어진 도시. 위태로움 위에 서 있는 것은 아닐까 하는 의문이 생긴다. 위태로움 속에 서 있는 아름다움. 아닌게 아니라 지구 온난화에 따른 해수면 상승이 지금 상태로 계속 심각해지면 멀지 않은 미래에 베네치아를 볼 수 없을지도 모른다고 한다.

애초 베네치아의 역사는 바다, 즉 자연과의 투쟁이 아니라 공존의 역사였다. 베네치아인들은 제방을 쌓아 갯벌과 모래톱을 메우는 간척 방식이 아니라 조류의 흐름에 따라 운하와 수로를 만들고 그 위에 건물을 세우는 방식으로 석호를 개발했다. 그러다보니 수로와 운하의 바닷물은 고여있지 않고 늘 일정한 흐름을 유지할 수 있었다. 그것은 현명한 선택이었다. 자칫 위생이 나빠질 수 있는 물 위의 도시는 자연의 흐름을 거스르지 않음으로써 그 위대한 역사를 지속할 수 있었던 것이다.

물론 오늘날 환경론자들은 그런 식으로도 바다를 개발해서는 안된다고 주장한다. 우리 역시 그 주장에 동의한다. 하지만 베네치아인들에게 이 석호는 최후의 도피처였다. 그것은 생존을 위한 어쩔 수 없는 선택이었고 그들은 이렇게 바다와 공존하는 방식으로 석호를 개발한 것이다. 그래서 어떤 이들은 이 베네치아를 이른바 "지속 가능한 개발"의 오래된 모델이라고도 한다. 그런데, 산업혁명 이후 인간의 무절제한 욕망이 1,500년 가까이 이어온 베네치아의 이 아름다운 공존의 역사마저도 위태롭게 하고 있는 것이다.

하지만 아침의 카날 그란데는 그런 사실을 아는지 모르는지 그저 고요하기만 하다. 물살에 부서진 햇빛은 보석처럼 반짝였다가 운하 주변 오래된 건물들의 벽을 비춘다. 이 아름다운 눈부심이 좀더 오래 지속되었으면 좋겠다는 것이 여행자의 소박한 바람이다.

〈카날 그란데 풍경 3〉 이 아름다운 눈부심이 좀더 오래 지속될 수 있을까?

황금빛 모자이크에 눈이 멀다

산 마르코 광장

20분 남짓한 카날 그란데 여행은 산 마르코 광장 옆의 바포레토 정류장에서 끝을 맺는다. 이제 본격적으로 오늘의 일정이 시작된다. 누가 뭐래도 베네치아 어행의 중심은 '산 마르코 광장Piazza San Marco' 이다. 베네치아를 점령한 나폴레옹이 "유럽에서 가장 아름다운 응접실"이라며 극찬한 '산 마르코 광장'. 먼저 광장의 바다 쪽 입구에 서 본다. 베네치아의 수호 성인인 성 테오도르와 성 마르코의 상징, 날개 달린 사자상이 두 기둥 위에 우뚝 서 있다. 그리고 바다 건너편엔 '산 조르조 마조레 성당'이 눈부신 자태를 빛내고 있다.

〈산 마르코 광장 1〉 성 마르코의 상징인 날개 달린 사자상과 성 테오도르가 두 기둥 위에 서 있다.

우리는 우선 '대종루Campanile di San Marco'에 오르기로 했다. 그런데 너무 이른 시간이라 대종루도 산 마르코 대성당도 아직 문을 열지 않았다. 그래서 'ㄷ'자 모양의 산 마르코 광장의 회랑을 한 바퀴 돌아보기로 한다.

산 마르코 광장의 또 다른 명물인 시계탑Torre Dell'Orologio을 시작으로 끊임없이 이어지는 비잔틴 양식의 아치와 열주列柱. 마치 순례라도 하듯 우아한 열주에 손을 대고 걷다 보면 어느새 'ㄷ'자의 세로 획, 즉 산 마르코 성당의 맞은편에 서게 된다. 이곳은 며칠 후 다시 찾게 될 '코레르 박물관'. 저 멀리 광장 너머, 산 마르코 대성당의 비잔틴 양식의 쿠폴라 위로 구름이 피어오르는 것이 보인다.

〈산 마르코 광장 2〉 산 마르코 대성당의 비잔틴 양식의 쿠폴라 위로 구름이 피어오른다.

　　베네치아에서는 산 마르코 광장을 단순히 "광장^la Piazza^"이라고 지칭한다. 이 산 마르코 광장을 제외한 다른 모든 공공의 공간들은 광장이 아니라 마당이라는 뜻을 가진 "캄포^Campo^"로 불린다. 산 마르코 광장의 남동쪽 바다 쪽 입구, 즉 두 개의 기둥과 두칼레 궁전이 있는 곳은 작은 광장이라는 뜻의 "피아제타^la Piazzetta^"로 불리는데 엄밀하게 말하면 산 마르코 광장과는 구별되는 곳이다. 하지만 보통의 경우 산 마르코 광장과 피아제타는 베네치아의 정치, 문화, 종교의 중심지로서 하나의 광장으로 여겨지고 있다.

　　한쪽이 바다로 열린, 자연과 인공이 조화를 이룬 산 마르코 광장. 이곳의 역사는 두칼레 궁전과 저 산 마르코 대성당이 세워진 9세기 무렵까지 거슬러 올라간다. 초창기엔 성당의 앞마당 정도였던 것이 12세기부터 본격적으로 확장되기 시작하여,

16, 7세기에 로마 출신의 건축가들에 의해서 르네상스의 세례를 받은 여러 공공 건축물들이 광장 주변에 세워졌다.

방금 우리가 지나온 북쪽의 긴 아케이드는 '프로쿠라티에 베키에^{Procuratie Vecchie}'로 옛 베네치아의 행정 관청이 있던 곳이다. 12세기에 처음 건립되었다가 16세기에 재건축된 것이라 한다. 그 맞은편, 남쪽의 긴 아케이드는 '프로쿠라티에 누오베^{Procuratie Nuove}'로 16세기 후반부터 짓기 시작하여 17세기 중엽에 완공된 곳이다. 그리고 우리가 서 있는 이곳, 서쪽 건물은 베네치아를 점령한 나폴레옹의 명으로 1810년에 건립된 것인데 흔히 '나폴레옹의 날개^{Ala Napoleonica}'로 불린다. 나폴레옹의 집무실로 사용되기도 했던 이곳엔 현재, 코레르 박물관이 자리잡고 있다.

〈카페 플로리안〉 희대의 바람둥이 카사노바를 비롯한 수많은 예술가들의 발길이 이어졌던, 이탈리아에서 가장 오래된 카페 중 하나.

다시 발걸음을 옮겨 남쪽의 프로쿠라티에 누오베로 걷다 보니 오래된 카페가 눈에 들어온다. 이탈리아에서 가장 오래된 카페 중 하나인 '카페 플로리안^{Caffè Florian}'

이다. 희대의 바람둥이, 카사노바를 비롯하여 괴테, 바이런, 카를로 골도니, 마르셀 프루스트, 찰스 디킨스, 토마스 만 등 수많은 예술가들의 발길이 이어졌던 카페 플로리안. 로마의 '카페 그레코'와 파도바의 '카페 페드로키'에서 느꼈던 깊은 감흥 탓일까? 우리는 문을 열 준비를 하고 있는 카페 플로리안 앞에서 한참이나 서성였다. 하지만 영업 시작까지는 아직 좀더 기다려야 된다고 한다. 그리고 무엇보다 이제는 정말 대종루에 오를 시간이다.

대종루

베네치아에서 가장 높은 건물인 대종루^{Campanile di San Marco}는 산 마르코 성당의 종탑이다. 그런데 이탈리아의 다른 종탑들과는 달리 성당에서 제법 멀찍이 떨어진 곳에 독립된 형태로 서 있다. 대종루가 처음 세워진 것은 12세기 중반이었다. 그런데 지진과 낙뢰 피해로 심각한 손상을 입어 1514년 현재의 형태로 다시 세워졌다. 이후에도 여러 차례 낙뢰 피해와 화재를 당했고, 오랜 세월 누적된 구조적 결함 때문에 1902년 결국 완전히 붕괴되고 말았다.

현재의 대종루는 1912년에 재건된 것으로 아래쪽은 단순한 벽돌 구조로 되어 있고, 상부에 아치형의 종 걸이가 있다. 그리고 첨탑의 꼭대기에는 천사 가브리엘의 황금 조각상이 서 있다. 사실 대종루 그 자체는 거대하다는 점을 제외하면, 피렌체의 '지오토의 종탑'이나 피사의 두오모 종탑인 '사탑'에 비해 미감이 떨어지는 것이 사실이다. 하지만 베네치아라는 특수한 환경 속의 대종루는 세상 그 어느 곳에서도 만날 수 없는 멋진 랜드마크다. 특히 바다 쪽에서 바라보면, 수직의 대종루는 바로 옆에 있는 직사각형의 두칼레 궁전과 함께 매혹적인 스카이라인을 이룬다.

거의 백 미터에 이르는 대종루는 입구 쪽에서 보면 아찔할 정도로 높다. 그래도 너무 걱정할 필요는 없다. 이용 요금이 조금 비싼 편이긴 하지만 꼭대기 전망대까지는 엘리베이터를 타고 쉽게 오를 수 있기 때문이다.

〈대종루〉 산 마르코 성당의 종탑으로 베네치아에서 가장 높은 건물이다.

　이탈리아 뿐만 아니라 유럽 곳곳의 옛 도시들은 반드시 높은 곳에 올라 그 전경을 내려다 보아야 한다. 더구나 이곳은 다른 곳도 아닌 베네치아. 바다 위에 세운 이 기적 같은 도시는 다른 수많은 여행자들처럼 거리와 광장에서 고개를 들고 위로만 바라볼 것이 아니라 반드시 대종루에 올라 멀리 바라보아야 한다.

〈대종루에서 본 풍경 1〉 바다 건너, 아침 햇살의 역광 속에 빛나고 있는 '산 조르조 마조레 성당'이다.

대종루 꼭대기에서 가장 먼저 우리의 눈을 사로잡은 것은 바다 건너, 아침 햇살의 역광 속에 빛나고 있는 '산 조르조 마조레 성당'이다. 이어 카날 그란데와 석호가 만나는 곳에 위치한 '산타 마리아 델라 살루테 성당'도 눈에 들어온다. 발밑으로 보이는 특유의 'ㄷ'자 형태의 산 마르코 광장은 아직까지 한산한 느낌이다. 시계탑의 청동상과 사자상, 성모자상, 천체 시계는 정면으로 햇빛을 받아 밝은 빛을 발하고 있다. 비잔틴 바실리카 성당 특유의 4개의 돔을 뽐내고 있는 '산 마르코 성당'과 나란히 서 있는 '두칼레 궁전', 그 너머 수줍은 듯 소박한 모습으로 서 있는 '산 자카리아 성당'도 눈에 들어온다. 모두 이번 베네치아 여행에서 만나야 될 소중한 곳들이다.

〈대종루에서 본 풍경 2〉 시계탑의 청동상과 사자상, 성모자상, 천체 시계는 정면으로 햇빛을 받아 밝은 빛을 발하고 있다.

그리고 푸른 바다와 그 위에 펼쳐진 짙은 오렌지빛 지붕들의 물결이 보인다. 피렌체의 두오모에서도 만난 적 있는 오렌지빛. 왜 하필 오렌지빛이었는지는 중요하지 않다. 그것은 그 자체로 베네치아의 바다와 운하와 가장 잘 어울리는 빛이기 때문이다.

다시, 바다 한복판에 이 아름다운 도시를 세운 베네치아인들의 역사를 떠올린다. 하지만 텍스트 속의 문장으로는 베네치아인들이 얼마나 힘들게 이 도시를 만들어 냈는지, 그 지난한 역사를 우리는 도무지 가늠할 수 없다. 엘리베이터를 타고 순식간에 대종루에 올라 너무나 쉽게 만나는 베네치아의 이 아름다운 풍경은 그래서 우리를 겸손하게 한다. 어찌보면 그 겸손은 오랜 세월에 걸쳐 이 도시를 세우고 가꾸어온 베네치아인들에 대한 최소한의 예의다.

〈대종루에서 본 풍경 3〉 푸른 바다와 그 위에 펼쳐진 짙은 오렌지빛 지붕들의 물결.

산 마르코 대성당

대종루에서 내려온 우리의 발길은 자연스럽게 '산 마르코 대성당^{Basilica di San Mar-co}'으로 향한다. 성 마르코의 유해를 안장하기 위해 세운 산 마르코 대성당. 9세기에 처음 건축이 시작된 이 비잔틴 양식의 성당은 11세기 말에 재건되었고 이후 로마네스크, 고딕 양식이 결합되면서 지금처럼 독특한 아름다움을 지니게 되었다.

우리는 성당 안으로 들어가려던 발걸음을 멈추고 파사드를 바라보았다. 화려하기 그지 없는 산 마르코 성당의 파사드. 우선 5개의 로마네스크 양식의 아치형 입구가 눈에 들어온다. 그런데 그 아치의 반구 아래로 이슬람 사원, 즉 모스크에서 볼 수 있는 돔형 장식이 보인다. 아치와 돔 모두 화려한 모자이크로 꾸며져 있는 것은 물론이다. 고개를 들어 입구 위 2층을 보면, 고딕 양식의 첨탑과 조각상들, 황금 모자이크로 장식된 아치가 이어진다.

〈산 마르코 대성당〉 9세기에 처음 건축이 시작되어 11세기 말에 재건되었고 이후 로마네스크, 고딕 양식이 결합된 비잔틴 양식의 성당이다.

그리고 그 너머, 우아한 볼륨감을 자랑하는 돔들이 보인다. 바실리카 양식이라 불리는 화려한 그리스 십자가 형상의 중앙부와 네 가지 부분에 자리잡고 있는 파꽃을 닮은 5개의 돔은 이 성당의 상징이라 할 수 있다. 로마나 피렌체, 밀라노 등에서 만날 수 있는 바로크 양식, 르네상스 양식, 고딕 양식의 성당들과는 전혀 다른 느낌의 돔이다. 베네치아인들의 자부심이 콘스탄티노플, 즉 비잔틴의 절정, '성 소피아 대성당Hagia Sophia 지혜의 대성당'의 기하학적이고 추상적인 돔을 이처럼 아름답게 바꾸어 놓은 것이다.

그런데, 주 출입문 위 난간 쪽에 조금은 낯선 조각상이 서 있다. 그것은 흔히 '콰드리가 La Quadriga' 로 불리는 4마리의 청동 말 조각상이다. 성인상이나 천사상 아니면 기하학적인 조각물들로 장식하기 마련인 성당 외벽에 청동 말 조각상이라. 도무지 어울리지 않는 위치에 어울리지 않는 조각상이다. 사실 이 청동 말 조각상(실물은 성당 2층 박물관에 있다.)은 베네치아의 양면성을 잘 보여주는 장식물이다.

1202년에 출발한 4차 십자군 원정은 이상한 방향으로 흘러갔다. 먼저 지중해를 건너기 위해 베네치아에 집결했던 십자군들은 경비가 턱없이 부족했다. 그래서 배 삯을 지불하는 대신 베네치아의 골칫거리였던 헝가리 왕국의 자라 Zara를 공략하여 점령해 주었다. 무슬림 점령하에 있던 성지를 회복해야 될 십자군이 같은 기독교 국가의 도시를 친 것이다. 분노한 교황이 십자군 전체를 파문해 버린 것은 물론이다. 거기다가 원정의 가장 중요한 지원 세력이었던 비잔틴 제국은 자체의 정변으로 혼란스러운 상황에 빠졌다. 그 와중에 왕위를 찬탈한 삼촌을 몰아내기 위해 조카가 십자군에게 손을 벌렸는데, 내심 비잔틴의 영향력에서 벗어나고 싶어했던 베네치아의 설득으로 십자군 원정의 다음 목적지는 콘스탄티노플로 정해졌다. 그리고 1203년과 1204년 두 차례에 걸친 전투를 통해 십자군은 콘스탄티노플을 함락했다.

이후 비잔틴 제국의 화려한 수도는 십자군에 의해 아비규환의 현장으로 바뀌고 만다. 그들은 수많은 문화재와 예술품들을 파괴하고 약탈했다. 성당마저 약탈의 희생양이 되었는데 무도한 십자군들은 성직자들까지 살해했다. 십자군의 일원이었던 베네치아도 이 약탈에 적극적으로 가담했는데 엄청난 약탈물로 원정 비용을 충당한 것은 물론이다. 저 청동 말 조각상은 원래 고대 그리스의 것으로 콘스탄티누스 대제가 콘스탄티노플에 옮겨놓은 것을 그때 약탈해 온 것이다. 말하자면 비잔틴 양식의 가장 아름다운 성당에 놓여있는 비잔틴 제국의 가장 수치스러운 약탈물인 셈이다.

그런데, 베네치아는 4차 십자군 원정을 통해 저 청동 말 조각상과는 비교할 수 없

〈콰드리가〉 4차 십자군 원정에서 콘스탄티노플을 점령하고 전리품으로 약탈해 온 4마리의 말 조각상.

을 정도의 엄청난 전리품도 챙기게 되는데, 바로 동 지중해의 제해권을 완전히 장악한 것이다. 크레타, 에우보이아 등 전략적 가치가 큰 지역을 점령하고, 낙소스를 비롯한 에게해의 섬들에 친 베네치아 국가인 낙소스 공국을 성립했다. 바야흐로 해상무역 강국으로서 베네치아의 전성기가 시작된 것이다.

산 마르코 대성당은 그런 베네치아의 전성기를 상징하는 건물이다. 청동 말뿐만 아니라 곳곳에서 가져온 약탈물, 전리품들로 성당을 장식했다. '하기아 소피아'의 대리석 판석을 뜯어와 바닥에 깔기도 했으며, '필라델피온 궁전'에서 가져온 로마 사분치제의 네 황제들을 묘사한, 아프리카 전통 양식의 자주색 석상으로 성당의 한 모서리를 장식하기도 했다. 제노바와의 전쟁에서 승리한 전리품으로 시리아 아크레Acre에서 기둥도 가져왔다. 말하자면 산 마르코 대성당의 화려함 곳곳에 침략과 약탈의 흔적이 숨어 있는 것이다.

그런데 베네치아인들이 가져온 것은 이런 약탈물들 뿐만이 아니었다. 베네치아를 상징하는 정신도 사실은 멀리서 가져온 것이다. 그것은 바로 베네치아의 수호 성인이자 이 산 마르코 대성당의 봉헌 대상인 성 마르코의 유해다.

성 베드로의 제자이고 복음서의 저자이기도 한 성 마르코(성 마가)의 유해가 어떻게 이곳 베네치아까지 오게 되었을까? 우리는 앞서 말한 성당 입구의 로마네스크식 아치를 장식하고 있는 모자이크에서 그 과정을 확인할 수 있다.

전하는 바에 의하면, 성 마르코는 성 베드로의 명으로 이집트의 알렉산드리아에서 선교 활동을 하다가

〈성 마르코 유해 운구 1〉 성 마르코의 유해를 베네치아에 운구하기까지 과정을 보여주는 모자이크. 돼지고기 속에 성인의 유해를 숨기고 있다.

순교했다고 한다. 그런데 9세기 초반 압바스 왕조의 칼리프의 명에 의해 모든 기독교 성전이 훼손될 위기에 처하게 된다. 알렉산드리아의 성 마르코의 성전도 물론 무사할 수 없었다. 그때 마침 베네치아의 상인 2명이 풍랑에 휩쓸려 알렉산드리아 항구까지 오게 되었고, 알렉산드리아의 기독교인들로부터 이러한 사정을 전해들은 상인들은 사제들을 설득하여 성 마르코의 유해를 베네치아로 모셔가기로 했다.

하지만 그곳의 기독교인들 중에서도 당연히 반대하는 이들이 있었고, 무슬림들의 감시도 철저해서 성인의 유해를 빼돌리기가 쉽지 않았다. 그러자 이 두 명의 베네치아 상인들은 폭풍우가 몰아치는 날 성인의 유해를 몰래 빼내서는 무슬림들이 혐오하는 돼지고기 속에 숨겨서 배까지 옮겼다고 한다. 그리고 항해 도중 몇 번의 기적을

경험한 끝에 성 마르코의 유해는 베네치아에 도착하게 되었다. 그런데 이번에는 베네치아의 도제doge 총독가 욕심을 부렸다. 성 마르코의 유해를 두칼레 궁전에 안치하려고 한 것이다. 그러자 멀쩡하던 유해가 꿈쩍도 하지 않는 것이다. 놀란 도제는 그 자리에 성당을 짓겠다고 맹세했다. 성 마르코의 유해는 그제서야 움직였다고 한다. 그런 우여곡절 끝에 성 마르코는 이 산 마르코 대성당에 안치되었고 마침내 베네치아의 수호 성인이 된 것이다.

〈성 마르코 유해 운구 2〉 성 마르코의 유해를 대성당에 안치하고 있다.

화려하기 그지없는 이 산 마르코 대성당이 만들어지기까지는 이처럼 긍정과 부정의 역사와 전설들이 씨줄과 날줄로 얽혀 있다. 하지만 그것이 비단 산 마르코 대성당만의 일일까? 우리가 딛고 서 있는 이 시대의 수많은 것들이 역사란 이름으로 때론 누군가의 희생을 통해, 때론 누군가의 정의와 선의지를 통해, 때론 이기적 욕망과 폭력을 통해, 그리고 필연을 가장한 우연을 통해 이루어진 것들이니 말이다. 결국 중요한 것은 현재를 살아가는 이들의 성찰적 태도일 것이다.

우리는 조금은 엄숙해진 기분으로 성당의 안으로 향했다. 그다지 밝지 않은 실내는 온통 금빛으로 반짝이고 있었다. 말로만 듣던 황금 모자이크가 드넓은 성당의 내벽과 천장 전체를 가득 채우고 있는 것이다.

이 모자이크들은 12세기에서 16세기 사이에 제작된 것들이다. 그런데 자세히 보면 모자이크들이 베네치아 회화의 양식적 발전을 따르고 있음을 알 수 있다. 모자이크가 제작된 시대에 따라 순수한 비잔틴 양식에서 출발하여 입체감이 느껴지는 고딕 양식을 거쳐 원근법을 적용한 르네상스 양식까지 이어지고 있는 것이다. 특히 앞서 말한 1204년의 콘스탄티노플 함락 이후 13세기에 제작된 모자이크들은 눈여겨볼 필요가 있다. 베네치아인들은 자신들의 도시 베네치아를 제2의 콘스탄티노플이라고 생각했는데, 이 시기의 모자이크들은 비잔틴 양식을 발전적으로 계승한 그들의 자부심을 잘 표현하고 있다.

〈산 마르코 대성당 모자이크 1〉 라벤나에서 만난 모자이크들과 콘스탄티노플에서 사라진 모자이크들이 토르첼로를 거쳐 이곳 산 마르코 대성당을 황금빛으로 장식하고 있다.

성당의 입구 쪽인 아트리움^{Atrio}을 장식하고 있는 '천지창조'와 '최후의 심판', 5
개의 돔 내부를 장식하고 있는 '예수와 예언자들', '예수 승천', '성령 강림과 사도
들의 순교' 등 한 장면 한 장면이 믿기지 않을 정도로 섬세하고 화려하다. 말했듯이
장면 장면마다 각 시대의 양식적 특성도 잘 드러나 그 차이점을 발견하는 것도 재미
있다. 하지만 넓은 실내에 너무나도 많은 장면들이 촘촘하게 묘사되어 있어서 웬만
한 내공이 아니면 한 장면 한 장면이 무엇을 의미하는지 알아내기가 쉽지 않다. 우리
역시 이 엄청난 황금빛의 향연을 그저 멍하니 바라볼 뿐 세세한 내용이나 도상적인
의미까지는 제대로 파악할 수 없었다.

〈산 마르코 대성당 모자이크 2〉 엄청난 황금빛의 향연이다.

〈산 마르코 대성당 모자이크 3〉 예수 상

하지만 그러면 어떤가? 며칠 전 라벤나에서 만난 모자이크들과 콘스탄티노플에서 사라진 모자이크들이 토르첼로를 거쳐 이곳 산 마르코 대성당에서 화려하게 꽃을 피운 것은 누가 뭐래도 부정할 수 없는 사실이다. 그리고 이 화려한 빛의 향연이 이후 르네상스 시기 베네치아 화파의 작가들에게 무한한 영감을 주었다는 것도 명확한 사실이다. 우리는 그것을 확인하는 것만으로도 벅차 오르는 감동을 주체할 수 없었다.

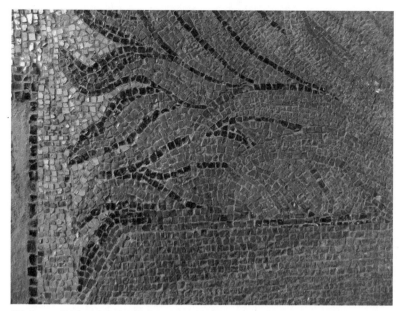

〈산 마르코 대성당 모자이크(부분) 4〉 손톱 크기 정도의 작은 조각들이 방대한 모자이크를 이루고 있다.

우리는 좀더 자세히 모자이크를 보기 위해 박물관으로 쓰이는 2층에 올랐다. 이곳에는 앞서 파사드에서 보았던 청동 말 조각상의 진품도 만날 수 있다. 하지만 우리의 관심을 끄는 것은 이 방대한 모자이크를 이루는 아주 작은 조각 하나 하나였다. 손톱 크기 정도 될까? 우리는 도무지 상상을 할 수가 없었다. 어떻게 저 작은 조각들이 모여서 이처럼 거대하고 화려한 모자이크를 만들 수 있단 말인가? 또 이 모자이크를 위해 얼마나 많은 이들이 인내했고 열정을 바쳤단 말인가? 다시 한 번 말하지만 우리는 정말 상상조차 할 수가 없었다.

〈산 마르코 대성당 모자이크 5〉 15, 16세기의 모자이크들은 한술 더 떠 회화의 기법들까지 보이고
있다. 쿠폴라 부분과 오른쪽 부분의 차이를 보라.

그런가 하면 15, 16세기의 모자이크들은 한술 더 떠 회화의 기법들까지 보이고 있
었다. 비록 종교적 엄숙함을 위해 그 배경을 황금빛으로 깔긴 했지만, 인물들을 이루
고 있는 색색의 유리와 돌조각들은 수시로 변하는 빛의 각도에 따라 더할 나위없는
화려함을 뽐내고 있다. 옷자락의 주름은 더 섬세해졌고, 인물들의 표정과 동작도 훨
씬 더 자연스러워졌다. 베네치아 화파는 물론이고 19세기 점묘파들도 이 모자이크
에서 영감을 받은 것은 아닐까? 결국 산 마르코 대성당의 모자이크는 비잔틴 모자이
크의 집대성이자 베네치아 화파의 미적 토대였던 것이다.

산 마르코 대성당 발코니에서 바라본 베네치아의 바다.

　우리는 더할 수 없는 감동을 안고 2층 발코니로 향했다. 하늘은 깨질듯이 투명한 푸른 빛, 두 개의 기둥 너머로 보이는 바다 역시 그 못지 않은 푸른빛으로 넘실거리고 있다. 그리고 아름다운 산 마르코 광장엔 전세계에서 몰려온 수많은 여행객들이 모자이크를 이루고 있다. 그렇다. 베네치아는 아주 오래전부터 그런 모자이크의 도시였던 것이다. 도시를 둘러싼 자연 환경과 수 백 년을 이어온 비잔틴 예술의 전통, 그리고 바다 위의 도시로 모였다가 흩어졌던 수많은 이방 나라들의 다양한 문화가 함께 어우러진 '모자이크' 말이다. 이제 정말 시작이다. 이 산 마르코 대성당의 모자이크들이 낳은 후손들, 베네치아의 그림들을 만나러 갈 시간이다.

조반니 벨리니, 우아한 색채의 세계를 열어젖히다

비발디

산 마르코 대성당에서 나온 우리는 다른 관광객들과 달리 바로 옆의 두칼레 궁전을 스쳐 지나갔다. 연대기 순으로 베네치아 화파의 그림을 만나는 우리의 여정에서 두칼레 궁전은 아직 순서가 돌아오지 않았다. 우리의 발걸음이 향한 곳은 다시 바다 쪽. 이미 산 마르코 광장 주변을 점령하기 시작한, 전 세계에서 몰려온 수많은 관광객들은 각자의 모습으로 베네치아를 즐기고 있다.

때론 바다로, 때론 두칼레 궁전으로, 때론 탄식의 다리로, 때론 곤돌라로 향해 있는 수많은 시선들. 그런데 그 엇갈린 시선들에는 하나의 공통점이 있다. 그것은 감탄과 행복이 교차하고 있는 표정이다. 시간에 쫓기는 단체 관광객이든, 사서 고생하는 자유 여행자든, 단꿈 같은 허니문의 신혼부부든, 이 대체 불가능한 도시 베네치아에서는 누구라도 저런 표정을 지을 수밖에 없을 것이다. 다른 어떤 수사도 필요 없이, 도시 그 자체로 찾아온 이들을 행복하게 해 주는 곳, 그것이 베네치아다.

우리 역시 그들과 다르지 않은 표정으로 그 행복한 사람들의 물결에 따라 걸음을 옮겼다. 그리고 한 소박한 성당 앞에서 발걸음을 멈추었다. 그곳은 바로크 음악의 거장, 비발디의 숨결이 살아있는 '산타 마리아 델라 피에타 성당^{Chiesa Santa Maria della Pieta}' 이다. 우리는 닫힌 성당 문 앞에 쪼그리고 앉아 바다를 보며 비발디를 듣기로 했다.

〈산타 마리아 델라 피에타 성당〉 바다에서 바라본 '비발디 성당'. Didier Descouens, Wikimedia Commons

잘 알다시피 안토니오 비발디^{Atonio Vivaldi}는 1678년 베네치아에서 태어났다. 어린 시절부터 산 마르코 대성당의 바이올린 연주자로 활동했던 비발디는 25세가 되던 해인 1703년에 신부가 되었다. 그리고 그 해 9월부터 자선기관인 오스페달레 델라 피에타^{Ospedale della Pieta}의 음악원에서 바이올린과 비올라를 가르치기 시작했다. 오스페달레 델라 피에타는 버려진 소녀들을 보호하고 양육하는 고아원이라 할 수 있는 곳인데 음악원으로 더 알려졌다. 그 교육 수준이 매우 높았고 비발디가 지도했던 음악원의 오케스트라는 전 유럽에 명성을 떨칠 정도였다.

당시 베네치아는 유럽 오페라의 중심지였고, 그 무렵 비발디는 오페라 작곡가로서도 대단한 명성을 얻었는데, 사제로서의 본분을 망각하고 세속적인 음악인 오페라에 빠져 있다는 이유로 가톨릭 교회로부터 여러 차례 경고를 받기도 했다. 하지만 비발디는 그런 교회의 경고를 비웃기라도 하듯 유럽 각지로 연주 여행을 떠나는가 하면 오페라 가수이자 스무 살이나 어린 제자 안나 지로와 사랑에 빠지기도 한다. 그의 대표작, '사계'는 바로 그 시기에 만들어진 작품이다.

하지만 교회의 미움을 받은 비발디는 결국 오스페달레에서 쫓겨나게 되었고 연인 안나 지로와 함께 빈으로 향했다. 빈에서의 삶은 비참하기 그지 없었다. 빈민촌에서 하루하루 힘겹게 연명하다가 20곡이 넘는 협주곡을 헐값에 넘기기도 했다. 하지만 사정은 나아지지 않았고, 결국 비발디는 1741년 7월 28일, 고향 베네치아로 돌아오지 못한 채 빈에서 죽음을 맞이했다. 그리고 빈민들의 묘지인 슈페탈 묘지에 묻혔다.

이 산타 마리아 델라 피에타 성당은 비발디가 죽은 후인 1745년에 짓기 시작하여 1760년에 완성된 성당이다. 비록 비발디는 떠났지만 그의 음악들은 오랜 기간 이 성당에서 오스페달레의 소녀들에 의해 연주되었다. 오늘날 '비발디 성당'이라 불리는 것도 그런 이유에서다.

하지만 그 후 비발디는 사람들의 기억 속에서 잊혀졌다. 바흐가 편곡한 몇몇 협주곡을 제외하고는 거의 알려지지 않았던 것이다. 그러다가 거의 200여 년이 흐른 1927년, 토리노의 도서관에서 연구하던 몇몇 음악학자들이 비발디의 악보집을 발견했다. 오랜 세월 어둠에 묻혀 있던 그의 작품들이 마침내 빛을 보게 된 것이다. 이후, 작곡가 비발디에 대한 재평가와 해석이 이루어졌고 1950년에는 최초의 음반도 발매되었다. 말하자면 오늘날 전세계인들이 가장 사랑하는 클래식 음악 '사계'가 우리에게 본격적으로 소개된 것이 불과 60여 년 전이라는 것이다.

우리는 성당 파사드에 기대어 귀에 이어폰을 꽂고는 비발디의 '사계'를 들었다. 비록 차가운 디지털 음원이지만 무엇 하나 뺄 것 없이 꽉 짜여진 팽팽한 긴장감이 느껴지는 정경화의 바이올린은 비발디의 음악으로 여전히 살아있음을 느끼게 해 준다.

사실 우리는 미술을 중심으로 한 이번 베네치아 여행이 비발디의 음악로 하여 훨씬 더 풍성해졌음을 실감하고 있었다. 베네치아에 도착한 첫날부터 우리는 틈만나면 비발디를 들었다. 호텔에서도, 카페에서도, 바포레토를 탈 때도, 좁은 골목을 헤맬 때도 비발디의 음악은 아름다운 베네치아의 풍경과 어우러져 끊임없이 우리의 감성 세포를 자극했다. 그렇게 비발디로 한껏 달아오른 감성은 다시 성당이나 미술관에서 만나는 미술 작품들 하나하나로 옮아갔다. 작품들을 지식으로만, 머리로만 만나는 것이 아니라 시각과 촉각과 후각, 그리고 호흡을 통해 가슴으로 만날 수 있었던 것이다. 그리고 이것이 바로 우리가 베네치아를 여행하는 방식이다.

산 자카리아 성당

한참동안 '사계'를 듣던 우리는 겨울 2악장이 끝날 무렵 발걸음을 옮겼다. 수많은 사람들의 물결 사이를 헤치고 두칼레 궁전 쪽으로 길을 잡았다. 그리고 건물 아래로 난 어두운 통로를 지나 소박하면서도 우아한 성당 앞에 섰다. 바로 '산 자카리아 성당 Chiesa di San Zaccaria'이다.

〈산 자카리아 성당〉 '산 마르코 대성당'이 건축되기 이전인 9세기경에 처음 지어진 산 자카리아 성당은 당시 베네치아 지배층의 공식 성당이었다.

아직 '산 마르코 대성당'이 건축되기 이전인 9세기경에 처음 지어진 이 산 자카리아 성당은 당시 베네치아 지배층의 공식 성당이었으며, 도시의 큰 행사가 열렸던 곳이다. 지금의 모습은 15, 6세기 무렵에 완성된 것인데 로마네스크 양식, 르네상스 양식, 고딕 양식 등 여러 양식이 혼합되어 있다.

30분 전에 만나고 온 산 마르코 대성당과는 비교할 수 없을 정도로 작고 소박한 산 자카리아 성당. 우리가 이 성당을 찾은 것은 이곳에 결코 무시할 수 없는, 아니 베네치아 미술의 기념비적인 작품 중 하나가 있기 때문이다. 그것은 바로 '산 자카리아 제단화'로 불리는 조반니 벨리니의 '성모자와 성인들'이다.

이어폰을 빼고 성당 문을 열었다. 산 마르코 대성당에 비해 훨씬 작고 어두컴컴한 실내. 하지만 우리는 또 입을 다물 수가 없었다. 성당 내벽 전체를 빽빽하게 채운 수많은 그림들. 언뜻 봐도 만만찮은 작가들의 작품들이 눈에 들어온다. 그곳에는 틴토레토도 있고, 니콜로 밤비니도, 티에폴로도 있다. 하지만 가장 눈에 띄는 작품은 역시 조반니 벨리니의 '성모자와 성인들'이다.

왼쪽 벽 중앙 부분에 위치한 '성모자와 성인들'은 보는 순간 시선을 확 사로잡는다. 그것은 더할 나위없이 부드럽고 우아한 색채와 분위기 때문이다.

〈성모자와 성인들(외)〉 조반니 벨리니. 베니치아, 산 자카리아 성당. 벽면 전체를 장식하고 있는 그림들 중 벨리니의 작품이 가장 먼저 눈에 들어온다.

이미 칠순을 넘긴 고령의 몸으로 베네치아 화파를 이끌고 있던 조반니 벨리니 Giovanni Bellini 1430?~1516. 그는 자신과 매부 만테냐, 이미 세상을 떠난 제자 조르조네에 의해 다양한 방식으로 싹을 틔우기 시작한 빛과 색채의 마법을 마음껏 펼치고 있었다. 그리고 그즈음, 벨리니는 여전히 자기를 비롯한 베네치아 화가들에게 영감을 주고 있었던 '산 마르코 대성당'의 황금빛 모자이크를 새로운 양식과 접목하려고 시도한다. 말하자면 비잔틴 양식과 르네상스 양식의 통합인 셈인데, 이 산 자카리아 성당의 제단화, '성모자와 성인들'은 그 통합의 결정체인 것이다.

이 작품을 이해하기 위해서는 먼저 베네치아 화파의 탄생에 대해 좀더 알 필요가 있다. 15세기 초반, 벨리니의 아버지인 야코포 벨리니Jacopo Bellini 1400?~1470는 아직 본격적으로 르네상스가 시작되기 전의 피렌체에서 젠틸레 다 파브리아노로부터 국제 고딕 양식을 배웠다. 그리고 베네치아로 돌아와서 공방을 열고 베네치아 화단을 주도했다. 특히 그가 남긴, 고딕 양식과 비잔틴 양식을 결합시킨 2권의 스케치북은 이후 베네치아 화파에 지대한 영향을 끼쳤다.

그즈음 지오토의 영향력이 살아 있는 파도바에는 스콰르치오네의 공방이 활발한 활동을 벌이고 있었는데, 때마침 위대한 조각가 도나텔로Donatello 1386~1466 역시 파도바에 머무르고 있었다. 고딕 조각의 엄숙주의를 극복한 도나텔로의 사실주의적 조형 정신은 스콰르치오네 공방의 젊은 화가들에게 큰 영향을 미치게 되는데 그 대표적인 인물이 바로 안드레아 만테냐Andrea Mantegna 1431?~1506다.

만테냐는 이후 단축법단일한 사물이나 인물에 적용되는 원근법으로 대상의 형태를 그것을 바라보는 각도와 관련하여 과장적으로 확대 축소시키는 방법에 의한 원근법을 탁월한 상상력과 엄격한 사실주의로 결합하여 독특한 회화 세계를 열어젖히게 된다. 밀라노의 '브레라 미술관'에 있는 작품 '죽은 예수'는 만테냐의 특징을 잘 보여주는 작품이다. 그런 만테냐가 야코포 벨리니의 사위가 되면서 베네치아 화단은 한 단계 더 발전하게 된다.

아버지의 공방에서 다양한 선진 양식을 익히며 착실하게 실력을 쌓아온 두 형제, 젠틸레 벨리니와 조반니 벨리니는 아버지의 사망 이후 베네치아 화파를 이끌었다. 아버지로부터 젠틸레 다 파브리아노의 이름을 부여받은 젠틸레 벨리니Gentile Bellini 1429~1507?는 베네치아 공화국의 공식화가이자 오스만 제국 술탄의 궁정화가로 활동했다. 특히 콘스탄티노플에서 활약했던 시절 동방 미니아튀르miniature 세밀화의 기법을 습득한 젠틸레는 이후 베네치아로 돌아와 당시 베네치아에서 활동하고 있던 안토넬로 다 메시나^{Antonello da Messina 1430~1479}의 유화법까지 익혔다.

아버지의 죽음과 형의 부재로 공방을 이어받게 된 조반니 벨리니. 그는 초기에 매부인 만테냐의 영향을 받아 정확하고 극명한 사실주의를 익혔다. 이 시기 그의 대표작인 '피에타'^{밀라노 브레라 미술관 소장}를 비롯한 '겟세마네에서의 고통'^{런던 내셔널갤러리 소장}, '예수의 변모'^{베네치아 코레르박물관 소장} 등에는 만테냐의 영향이 많이 남아 있다는 것을 알 수 있다. 하지만 본격적으로 베네치아 화파를 주도하기 시작한 15세기 후반부터 그의 그림은 달라졌다. 형과 마찬가지로 안토넬로 다 메시나의 유화 기법을 습득하여 부드러운 윤곽과 따뜻하고 밝은 색채를 구사하기 시작한 것이다.

벨리니 가문의 두 형제는 왜 하필 유화를 선택했을까? 그것은 베네치아라는 특수한 환경 때문이다. 바다 한복판의 섬 베네치아에서는 프레스코화는 말할 것도 없고 주로 목재 패널 위에 그리는 템페라^{tempera 안료를 계란으로 녹여서 그리는 유화의 전단계 기법} 역시 습기 때문에 그 제작과 보관에 어려움을 겪을 수밖에 없었던 것이다. 물론 풍부한 색채, 대기가 감도는 듯한 색조, 인물의 부드러운 윤곽선 등 유화 기법의 다양한 가능성에 대한 벨리니 형제의 이해가 있었기에 가능한 것이었다. 마침내 벨리니 가문의 두 형제로부터 색채와 빛의 베네치아 화파가 탄생한 것이다.

이 '산 자카리아 성당'의 제단화, '성모자와 성인들'은 그렇게 탄생한 베네치아 화파의 초기를 대표하는 가장 아름다운 걸작이다. 우선 배경의 건물들을 보면 브루넬레스키가 제시한 투시 원근법이 완벽하게 적용되어 있다는 것을 알 수 있다. 거기다가 건물의 층위에 따라 색조와 빛을 달리하여 새로운 입체감을 부여했다. 또한 반구 형태의 천장에는 '산 마르코 대성당'의 황금 모자이크를 인용했는데 그 문양은 뜻밖에도 이슬람 전통의 아라베스크다. 그리고 그 중앙에 베네치아 특산물인 유리 공예 펜던트를 배치하여 공간감을 더 했다.

〈성모자와 성인들〉 조반니 벨리니. 베네치아. 산 자카리아 성당. 베네치아 화파의 초기를 대표하는 가장 아름다운 걸작이다.

비잔틴 양식과 르네상스 양식은 물론이고 이슬람 양식까지 함께 어우러져 만들어낸 그 조화로운 공간 앞에 이제 본격적으로 베네치아 화파의 유려하고 마법같은 색채의 세계가 펼쳐진다. 말할 수 없이 부드러운 색조의 의복들. 다양한 색채는 언뜻 화려해 보이지만 결코 가볍지 않고 깊이가 느껴진다. 특히 감각적이고 무게감이 느껴지는 파란색과 녹색, 붉은색의 조합을 보이는 성모의 옷차림은 그 아래 바이올린을 연주하고 있는 천사의 연분홍빛과 어우러져 리드미컬한 색채감을 느끼게 한다. 오른쪽에서 성서에 몰두하고 있는 성 히에로니무스에게는 그의 상징색인 붉은색 옷을 입혔는데 조금은 과하지 않나 싶을 정도로 눈에 확 띄는 짙은 붉은색이다. 하지만 그것은 반대편에 있는 성 베드로의 조금은 소박한 주황색과 대조를 이루며 묘한 긴장감을 자아낸다. 성모자 쪽으로 돌아서 있는 두 여성 성인, 즉 성 카타리나의 진녹색 옷과 성 루치아의 보라빛이 감도는 옅은 회색옷은 한 단계 톤을 낮추어 전체적인 안정감을 부여한다. 대신 그녀들은 밝은 얼굴과 금발로 화면에 새로운 빛을 더해준 느낌이다.

이처럼 아름다운 색채과 빛의 향연은 인물들의 시선과 표정을 만나 신비로운 느낌을 들게 한다. 서로 교차하지 않는 인물들의 시선. 성 히에로니무스는 성경에만 몰두하고 있고 성 베드로는 땅을 보며 사색에 잠겨 있다. 성모와 아기 예수, 성 카타리나와 성 루치아 역시 그 시선은 아래로 향하고 있다. 유일하게 정면을 향하고 있는 천사의 시선은 그 당돌함으로 감상자를 매혹시킨다.

〈성모자와 성인들(부분)〉 조반니 벨리니. 베네치아. 산 자카리아 성당. 정면을 응시하고 있는 음악의 천사가 감상자를 매혹시킨다.

그런데 이 다양한 색채와 빛의 향연은 눈부신 화려함이 아니라 말할 수 없이 부드럽고 따뜻한 분위기를 자아내고 있다. 화면 전체가 마치 엷은 안개에 휩싸인 듯한 느낌이다. 벨리니는 도대체 어떤 마법을 부려서 이런 효과를 낸 것일까? 그림을 자세히 보면 인물들의 윤곽선이 모호한 것을 발견할 수 있다. 그렇다. 윤곽선이 아니라 빛을 통해 형태를 조절하는 것. 그것은 레오나르도 다빈치가 제시한 스푸마토와 비슷한 기법이다. 서기 1500년 무렵, 짧은 기간 베네치아에 체류한 적이 있는 다빈치. 벨리니는 자기보다 스무 살 이상 젊지만 이미 르네상스 최고의 거장이 된 다빈치의 혁신까지 수용했던 것은 아닐까? 그것은 결국 긴 생애 내내 유화 물감의 다양한 효과를 실험했던 조반니 벨리니의 치열한 예술 정신인 것이다. 일흔 다섯의 노(老) 대가는 그래서 후대에 이런 평가를 받게 되었다.

"조반니 벨리니는 회화사에 있어 '만물의 봄'으로 불린다."

조반니 벨리니의 이 아름다운 작품 앞에 선 우리는 도무지 입을 다물 수 없었다. 할 수만 있다면 오래 오래 그 앞에 있고 싶었다. 아닌게 아니라 우리보다 먼저 온 나이 지긋한 신사 한 분은 '성모자와 성인들' 앞에 오랫동안 자리를 잡고 앉아 있었다. 그는 몇 번이나 동전을 넣고 조명을 밝혀 '성모자와 성인들'을 바라 보았다. 그렇다고 사진을 찍는 것도 아니다. 그저 똑같은 자세로 앉아 조반니 벨리니를 만나기라도 하는 듯 행복한 표정으로 그림을 보고 있는 것이다. 물론 그 덕분에 우리는 동전을 아낄 수 있었지만 나중엔 그의 감상에 끼어든 불청객이 된 것 같아 미안한 기분마저 들었다. 결국 우리는 그 대신 두 번이나 동전을 넣고 조명을 밝혔다. 그는 그런 우리에게 고마운 미소를 지어 보였다. 그럴 리 없겠지만 그의 미소는 조반니 벨리니의 그것처럼 따뜻하게 느껴졌다.

산 자카리아 성당의 그림들. 베네치아 화파 후반기 작가들의 작은 박물관이라 할 정도로 명작들이 많다.

그렇게 조반니 벨리니에게 흠뻑 빠져 있던 우리는 오랜 시간이 지난 후에야 겨우 다른 작품들에 눈길을 돌릴 수 있었다. 이 산 자카리아 성당은 사실 벨리니의 작품을 제외하면 베네치아 화파 후반기 작가들의 작은 박물관이라 할 정도로 명작들이 많다. 그중 놓칠 수 없는 작가는 단연 르네상스 베네치아 화파 최후의 거장 틴토레토 Tintoretto 1518~1594다. 틴토레토에 대한 자세한 이야기는 다음 기회에 하겠지만, 그의 후반기 대표작 중 하나인 '성 세례 요한의 탄생'은 꼭 만나고 가야 한다.

일반적으로 16세기 후반의 틴토레토는 르네상스 양식에서 탈피하여 마니에리스모, 즉 매너리즘 작가로서의 면모를 보인다고 한다. 하지만 이 작품 '성 세례 요한의 탄생'은 피렌체나 로마의 전형적인 마니에리스모 양식이라기보다는 베네치아 르네상스의 후반기 대가로서 틴토레토의 자부심을 보여준다. 특히 독창적 시점의 역동

〈성 세례 요한의 탄생〉 틴토레토, 베네치아, 산 자카리아 성당. Wikimedia Commons

적인 화면 구성이나 극적인 동작의 인물들, 적극적인 명암 대비는 이미 바로크라는 새로운 시대를 예비하는 것처럼 보인다.

다음으로, 비슷한 시기의 두 작가가 그린 '경배' 연작을 만난다. 니콜로 밤비니 Niccolò Bambini 1651~1736의 '동방박사의 경배(1717)'와 안토니오 발레스트라 Antonio Balestra 1666~1740의 '목동의 경배(1707)'다. 제목 그대로 아기 예수의 탄생을 축하하는 동방박사와 목동들의 경배를 그린 작품들이다.

〈동방박사의 경배〉 니콜로 밤비니. 베네치아, 산 자카리아 성당. Wikimedia Commons

〈목동의 경배〉 안토니오 발레스트라. 베네치아, 산 자카리아 성당. Wikimedia Commons

먼저 밤비니의 작품은 과감하고 역동적인 구성을 보여주고 있는데 전성기 틴토레토의 그림들과 많이 닮아 있다. 그에 비해 발레스트라의 작품은 조명을 적극적으로 활용하여 명암과 함께 우아함도 드러내고 있는데 바로크에서 로코코 양식으로 넘어가는 과도기적인 모습을 보인다. 나이로 따지면 밤비니가 선배 세대인데 작품이 창작된 시기는 오히려 발레스트라의 작품이 10년 정도 앞서 있다. 비슷한 나이로 바로크 시기에 활동했던 두 사람의 양식이 이처럼 큰 차이를 보이고 있는 것이다. 다양한 작가들에 의해 다양한 방향으로 발전해 갔던 베네치아 미술의 역동성을 보여주는 부분이라 하겠다.

〈이집트로의 도피〉 지암바티스타 티에폴로. 베네치아. 산 자카리아 성당.

끝으로 성당 안의 성 아타나시오 소성당 Cappelle di Sant' Atanasio에 있는 지암바티스타 티에폴로Giovanni Battista Tiepolo 1696~1770의 '이집트로의 도피' 도 놓칠 수 없는 작품이다. 베로네세의 장식적 화풍을 이어받아 바로크를 마무리하고 베네치아 로코코 양식을 확립한 티에폴로. '이집트로의 도피' 는 밝고 투명한 색채로 명암을 경쾌하게 대비시키는 그의 특징을 잘 보여주는 작품이라 하겠다.

여러 양식의 성과를 통합하여 색채와 빛을 중심으로 한 베네치아 화파의 르네상스를 열어젖힌 조반니 벨리니, 르네상스 베네치아의 최후의 거장으로 다음 세대인 바로크 양식의 형성에 큰 영향을 끼친 틴토레토, 그리고 그들의 후예인 밤비니와 발레스트라, 티에폴로까지. 우리는 베네치아 화파의 작은 박물관 같은 이 산 자카리아 성당에서 무한한 감동을 느꼈다. 그리고 이제 그 감동을 완성할 위대한 '회화의 군주' 를 만나러 갈 차례이다.

티치아노, 회화의 군주로 데뷔하다

산타 마리아 글로리오사 데이 프라리 성당

화가가 그림을 그리는 모습을 상상해 본다. 동양화가 아니라면, 그것은 이젤에 캔버스를 놓고 한 손엔 팔레트를 들고 또 한 손에 붓을 든 모습일 것이다. 화가들은 언제부터 이런 모습으로 그림을 그렸을까? 모자이크는 말할 것도 없고, 회벽에 그림을 그리는 프레스코화 작가들은 이젤과 캔버스를 사용하지 않았다. 템페라 화가들은 캔버스보단 목재 패널을 주로 사용했다. 이젤과 캔버스, 팔레트, 붓이라는 그림 그리기의 전형이 완성된 것은 15세기 플랑드르에서 유화가 탄생하면서부터다. 아주 오래전부터 종이, 먹, 벼루, 붓을 이용하여 그림을 그렸던 동아시아에 비해서는 그 형식의 정착 시기가 많이 늦은 편이다.

유화 기법의 발명은 서양 회화사에서 가장 핵심적인 분기점이라 할 수 있다. 그것은 화가들의 자율성을 무한히 확장시켰기 때문이다. 석회벽이 마르기 전에 그날 그날의 분량을 마쳐야 하는 프레스코화나 가늘고 작은 붓으로 그릴 수밖에 없었던 템페라화는 그 표현의 한계가 명확했다. 하지만 선명한 색채에 광택이 있으며 언제든지 수정이 가능하고 덧칠을 통해 색채의 다양한 효과를 연출할 수 있는 유화는 화가들에게 다양한 방식의 실험을 가능하게 했다.

특히 주목할 점은 유화 기법이 회화의 근본 개념에 대해 성찰할 기회를 제공했다는 것이다. 건조가 빠른 재료를 중심으로 발전했던 이전의 회화는 어쩔 수 없이 선묘^{線描} 위주였다. 이 선묘의 전통 위에 새롭게 발견한 투시 원근법과 해부학적 지식을 더한 피렌체 화파는 자연스러운 구도와 대상의 형태를 명확하게 그려내는 데생을 중시여겼다. 그것은 자연에 대한 인간의 주체적 인식의 발견이라는 점에서 흔히 르네상스로 불린다. 베네치아 화파 역시 구도와 데생에 대한 기본적 인식은 피렌체 화파와 큰 차이가 없었다. 그런데 그들은 조금 다른 방향에 집중한다.

시칠리아 출신으로 1475년경부터 베네치아에 머무르고 있던 안토넬로 다 메시나는 플랑드르의 유화 기법을 익힌 최초의 이탈리아 화가였다. 앞서 말했듯이 당시 베네치아 화파를 이끌고 있던 조반니 벨리니, 젠틸레 벨리니 형제가 그에게서 유화 기법을 배웠다. 이후 베네치아 화파의 역사는 유화 기법이 가진 다양하고 화려한 색채와 빛에 대한 실험의 역사라 할 수 있다.

그들은 때로 기본적인 스케치도 없이 붓으로만 캔버스를 채워가기도 했다. 시간을 들여 몇 겹이고 물감을 연하게 칠해 화면을 투명하게 보이게도 하고, 반대로 물감을 최대한 두껍게 칠해 독특한 질감을 드러내기도 했다. 심지어 붓터치 자국만으로 대상을 묘사하기도 했다. 이런 다양한 시도 끝에 베네치아 화파는 이전까지 구도와 데생에 비해 상대적으로 외면받았던 색채와 빛을 회화의 또 다른 주인공으로 내세우게 된 것이다. 캔버스에 유화 물감, 그리고 색채와 빛을 통한 주제 형상화. 서양 근대 회화의 이 기본적인 공식을 완성시킨 베네치아 화파. 그 중심에는 지금 우리가 만나러 가는 티치아노^{Tiziano Vecellio 1488?~1576}가 있었다.

〈자화상〉 티치아노. 베를린. 미술 박물관. Wikimedia Commons

　자유 여행이라고는 하지만 시간이 그리 많지 않은 여행자의 입장에선 가까운 구역

을 중심으로 일정을 짜는 것이 당연하다. 그래서 애초에 오늘 일정은 산 마르코 대성

당에 이어 산 자카리아 성당, 두칼레 궁전과 코레르 박물관 등 산 마르코 광장 주변으로만 잡았다. 그런데 산 자카리아 성당에서 베네치아 화파의 시조, 조반니 벨리니를 만나고 나온 우리는 일정을 바꿀 수밖에 없었다. 비록 시간이 더 많이 걸리고 그만큼 체력적인 부담도 더해지겠지만, 벨리니에게서 받은 감동은 당연히 티치아노로 이어져야 했기 때문이다. 그리고 그 목적지는 당연히 '산타 마리아 글로리오사 데이 프라리 성당^{Basilica di Santa Maria Gloriosa dei Frari}' 이어야 했다. 그곳에 티치아노의 공식적인 데뷔작이 있기 때문이다.

〈산타 마리아 글로리오사 데이 프라리 성당〉 13세기 초반에 짓기 시작하여 15세기에 완공된 베네치아 최초의 프란체스코회 성당이다.

　산 자카리아 성당에서 프라리 성당까지는 걸어서 30분 남짓. 갑자기 일정을 바꾼 탓에 경로를 제대로 숙지하지 못한 우리는 구글 맵에 의지하기로 했다. 미로 같은 골목을 헤매는 것도 베네치아 여행이 주는 즐거움 중 하나지만 우리의 관심은 오로지 티치아노에게로만 향하고 있었다. 그래서 벨리니 일가와 함께 초기 베네치아 화파를 이끌었던 비바리니 일가의 바르톨로메오 비바리니의 명작이 있는 '산타 마리아 포모사 성당^{Chiesa di Santa Maria Formosa}'도 그냥 스쳐 지나갔다. 몇 시간 전, 이른 아침의 환상적인 무언극을 보여주었던 리알토 다리도 구름처럼 건넜다. 그야말로 앞만 보고, 아니 구글 맵만 보고 달려왔다. 그리고 마침내 붉은 벽돌 성당 앞에 섰다.

흔히 프라리 성당으로 불리는 산타 마리아 글로리오사 데이 프라리 성당은 성 프란체스코가 교황으로부터 수도회 설립을 인가받은지 얼마 지나지 않은 13세기 초반에 짓기 시작하여 15세기에 완공된 베네치아 최초의 프란체스코회 성당이다. 간명한 이탈리아 고딕 양식의 이 성당은 외벽 대부분이 붉은 벽돌로 장식되어 있어서 베네치아의 다른 성당들에 비해서는 소박해 보인다. 하지만 성당 안으로 들어서는 순간 거대한 규모와 화려하면서도 엄숙한 실내 장식에 눈이 번쩍 뜨인다.

〈프라리 성당의 내부〉 성가대석 때문에 티치아노의 작품이 바로 눈에 들어오지 않는다.

〈성모 승천〉 티치아노. 베네치아, 산타 마리아 글로리오사 데이 프라리 성당. 티치아노를 회화의 군주로 데뷔시킨 극적인 작품이다.

그런데, 이상한 일이었다. 거대한 중앙 회랑 너머 당연히 가장 먼저 눈에 띌 것이라 생각했던 티치아노의 그림이 보이지 않는 것이다. 아니 그림이 있는 중앙 제단 자체가 눈에 보이지 않는다. 4쌍의 거대한 기둥으로 이루어진 중앙 회랑의 2/3 정도 되는 지점에 칸막이 같은 구조물이 우선 눈에 들어올 뿐이다. 하지만 우리의 어리둥절함은 이내 사그러들었다. 알고보니 그 칸막이는 성가대석이었다. 그리고 그 성가대석의 중앙부 아치 너머로 우리가 그토록 보고 싶어했던 작품이 보였다. 티치아노의 대표작, '성모 승천'이다.

우리는 심호흡을 하고 중앙 회랑을 걸었다. 그리고 화려한 성가대석을 지나 '성모 승천' 앞에 섰을 때 말을 잃었다. 그것은 경외심이었다.

전체적으로 붉은 빛이 감도는 화면에 드라마틱한 성모의 표정과 동작은 지금까지 보아온 그 어떤 작품보다도 세련된 아름다움을 뽐내고 있다. 단축법으로 묘사된 성모의 모습은 율동감이 넘치고 불경스럽게도 너무나 매혹적이다. 천상의 성부에게서는 신성한 황금빛 오로라가 사방으로 퍼져 나와 성모의 몸을 감싸고 있다. 그런가 하면 성모의 승천을 축하하는 아기 천사들은 그림 위의 아치와 어우러져 커다란 원 구도를 만들어 천상과 지상을 구분하고 있다. 놀라운 표정으로 성모의 승천을 바라보는 예수의 제자들. 단축법으로 묘사된 그들의 동작 역시 마치 영화 스틸 사진처럼 극적이다. 그리고 이 모든 것이 높이 7미터라는 거대한 크기로 다가온다. 압도적이란 말은 이럴 때 쓰는 말인 것 같다.

조반니 벨리니가 제시한 색채와 빛을 통한 조화와 균형은 바로 이 작품, 티치아노의 '성모 승천'에서 완성된 것이 아닐까?

티치아노 베첼리오^{Tiziano Vecellio 1488?~1576}는 1488년경 베네치아 공화국과 신성 로마제국의 경계에 있는 피에베 디 카도레에서 태어났다. 어린 시절 베네치아로 여행을 떠난 적이 있는 티치아노는 처음에는 모자이크 제작자인 세바스티아노의 공방에서 도제 생활을 했다. 그러다가 이내 벨리니 일가의 공방에 들어가 젠틸레, 조반니 형제로부터 본격적으로 그림을 배웠다. 그 무렵 벨리니의 공방에는 티치아노보다 열 살 가량 많은 조르조네$^{Giorgione\ 1477\sim1510}$도 도제 생활을 하고 있었다. 그런데 이 천재적인 젊은 작가, 조르조네는 피렌체의 마사초가 그러했듯이, 이미 스승들을 뛰어넘는 혁신적 화풍을 일구어 가고 있었다. 스승인 조반니 벨리니마저 그 혁신을 수용할 수밖에 없었던 조르조네. 티치아노는 벨리니 일가에 이어 선배인 조르조네의 화풍도 배우게 된다.

티치아노와 조르조네, 이 두 젊은이들은 벨리니 일가가 제시한 유화 기법을 다양한 방식으로 실험했다. 그들은 색채와 빛을 통해 보다 자연스럽고 표현적인 형태 묘사를 시도했다. 티치아노는 특히 조르조네의 화풍을 많이 본받으려 했는데 심지어 그의 초기 작품들 중에는 아직까지도 조르조네의 작품으로 의심받는 것이 있을 정도이다.

그러던 1510년, 조르조네가 흑사병에 걸려 요절하고 만다. 티치아노는 흑사병을 피해 파도바로 몸을 옮겼다가 1514년 무렵 다시 베네치아로 돌아와 공방을 열고 독립적인 창작 활동을 시작했다. 그런데 1516년엔 조반니 벨리니마저 세상을 떠났다. 이제, 젊은 티치아노의 어깨 위에 베네치아 화파의 미래가 놓인 것이다. 기회는 빨리 찾아왔다. 그해, 프라리 성당의 중앙 제단화 제작 의뢰가 들어온 것이다. 그리고 2년 후, 티치아노는 이 그림 '성모 승천'을 성당에 봉헌했다.

〈성모 승천 (부분)〉 티치아노. 베네치아, 산타 마리아 글로리오사 데이 프라리 성당. 단축법으로 묘사된 성모의 모습은 율동감이 넘치고 불경스럽게도 매혹적이다.

사실 이 그림이 처음부터 환영받은 것은 아니다. 그림을 처음 본 사람들은 놀랍고 당황스러워 했다고 한다. 성직자들은 베네치아 어부들의 모습으로 형상화된 사도들은 물론이고, 광배^{光背} 또는 원광^{圓光} nimbus. 성인들의 배후에 빛을 나타낸 장식도 없이 묘사된 성인들의 모습에 충격을 받았다. 심지어 그림을 팔아버리려고 했다. 하지만 시간이 갈수록 그림의 명성은 더해만 갔고, 베네치아인들은 마침내 티치아노를 베네치아의 대표화가로 인정할 수밖에 없었다. 1557년, 미술 이론가 로도비코 돌체$^{Lodovico\ Dolce}$ $^{1508\sim1568}$는 이 그림을 보고 이렇게 평가했다.

"이전까지 벨리나 비바리니처럼 양감이나 역동성이 느껴지지 않는, 생기없고 차가운 그림들만 보아왔던 서툰 화가들이나 어리석은 대중들은 이 그림을 나쁘게 평가했다. 그러나 그들의 시대가 지나갔을 때, 사람들은 티치아노가 베네치아에서 이룩한 새로운 방식에 놀라기 시작했다. 이 그림에는 미켈란젤로의 위대함과 경이로움이 있고, 라파엘로의 즐거움과 우아함이 있으며, 자연의 진정한 색채가 있다.”

조반니 벨리니의 유려한 색채도, 조르조네의 섬광 같은 혁신도 이 그림 앞에선 한순간에 구시대의 유물이 되어버린 것이다. 그것은 위대한 '회화의 군주', 티치아노의 데뷔였다. 서양 회화사는 이제 티치아노로 인하여 새롭게 쓰이게 된 것이다.

티치아노의 명성은 베네치아를 넘어 전 유럽으로 퍼져나갔다. 교황을 비롯한 고위 성직자들과 권력자들이 그에게 작품을 의뢰했다. 특히 스페인 국왕이자 신성 로마제국 황제로 당시 유럽 최고의 권력자였던 카를로스 5세의 초상화와 기마상^{마드} ^{리드 프라도미술관 소장}을 그린 것을 계기로 티치아노는 유럽 최고 화가의 위치에 오르게 된다. 수많은 군주들이 그에게 초상화를 주문해서 '군주들의 화가'로 불렸다. 자신의 초상화를 그리던 티치아노가 실수로 붓을 떨어뜨리자 카를로스 5세가 직접 붓을 주워 건네며, "티치아노는 황제의 시중을 받을 만한 화가다."라고 말했다는 전설같은 이야기도 생겨났다.

〈카를로스 5세의 기마상〉 티치아노. 마드리드. 프라도미술관. 이 초상화를 그린 것을 계기로 티치아노는 유럽 최고 화가의 위치에 오르게 된다. Wikimedia Commons

하지만 '회화의 군주' 라는 티치아노의 위상은 단순히 그런 권력층들과의 관계에서만 비롯된 것이 아니다. 오히려 그는 자신이 마음에 드는 대상과 인물들만 그렸다. 의뢰인이 만족하든 않든 개의치 않고 자신의 의지에 따라 그렸던 것이다. 당시 그와 같은 독립성을 누린 작가는 거의 없었다. 그런 자율성을 바탕으로 그는 끊임없이 새로운 회화 세계를 개척했다. 종교는 물론이고 역사, 고전 신화, 인물 초상, 여성 누드, 알레고리 등 수많은 분야를 그림의 소재로 삼았다. 그리고 각 소재들마다 새로운 전형典型을 제시했다. 베네치아 화파 특유의 유화 기법을 끊임없이 확장시킨 것은 물론이다.

그런데 그런 티치아노 앞에 만만치 않은 상대가 나타났다. 그는 바로 미켈란젤로였다. 1545년, 교황 바오로 3세의 초상화를 그리기 위해 로마로 온 티치아노의 작업장에 미켈란젤로와 조르조 바사리가 방문한 것이다. 화가이자 최초의 근대적 미술사학자인 조르조 바사리Giorgio Vasari 1511~1574는 그의 명저 "르네상스 미술가전"에 두 위대한 예술가들의 만남을 이렇게 그렸다.

어느날 미켈란젤로와 바사리는 티치아노를 방문했다. 미켈란젤로는 티치아노가 그린 다나에Danae의 누드를 매우 좋은 그림이라고 칭찬하였으나 그것은 단지 의례적인 말이었다. 그러고 나와서 미켈란젤로는 티치아노의 그림을 평하며 "그의 채색법과 스타일은 퍽 마음에 들지만, 베네치아 화가들은 그림을 배우기 시작할 때부터 데생을 열심히 하지 않는 것이 탈이다."라고 지적했다. 그러면서 "티치아노가 만일 데생을 열심히 했다면, 특히 살아있는 사람을 많이 그렸다면 그를 당할만한 사람은 없을 것이다. 왜냐하면 그는 맑은 정신의 소유자이며, 넋을 빼앗는 발랄한 스타일을 갖고 있기 때문이다."고 말했다.

스스로 조각가라 칭하며 화가이길 거부했던 미켈란젤로의 입장에선 철저한 데생 없이 색채로만 대상의 형태를 완성시키는 베네치아 화파의 그림이 마음에 들지 않았던 것이다. 말하자면 미켈란젤로는 티치아노의 그림을 통해 피렌체 화파와 베네치아 화파의 본질적 차이를 지적한 것이다. 더구나, 평생을 구도적 자세로 고독한 예술 정신을 이어갔던 미켈란젤로가 보기에 티치아노는 권력자들의 입맛에 맞는 그림을 그리는 기교주의자에 불과했을 것이다. 미켈란젤로의 평가를 티치아노가 들었는지 알 수는 없다. 하지만 분명한 것은 티치아노의 혁신은 이후에도 계속 이어졌다는 사실이다. 마치 노년의 미켈란젤로처럼 말이다.

〈성모 승천 (부분)〉 티치아노, 베네치아, 산타 마리아 글로리오사 데이 프라리 성당. 베네치아의 어부들을 모델로 그린 사도들의 모습이 역동적이다.

다시 그림을 본다. 돌체의 말처럼 사도들의 역동적인 골격에서는 미켈란젤로가 보인다. 아름답고 이상화된 성모의 모습은 라파엘로의 영향이 분명하다. 그런데 그것들을 조화롭게 통일시키는 것은 색채와 빛에 대한 티치아노의 통찰력 덕분이다.

화면 아래 등을 지고 선 사도와 한 손을 가슴에 올린 채 놀란 표정을 짓고 있는 사도의 붉은색 옷은 성모의 붉은색 옷과 만나 상승적인 삼각형 구도를 이룬다. 그 붉은 색은 다시 성부의 붉은색으로 이어져 통일감을 이룬다. 이 붉은색은 이후 티치아노를 대표하는 색이자 베네치아 화파를 대표하는 색으로 자리매김한다. 그리고 빛이 있다. 그것은 산 마르코 대성당의 모자이크처럼 화면 전체에서 발산되는 황금빛이다. 굳이 광배를 묘사할 필요도 없는 신성한 황금빛 말이다. 그런데 빛은 그림에서만 나오는 것이 아니다. 그림이 걸려 있는 후진^{後陣 apse} 전체를 장식하고 있는 화려한 고딕 스테인드글라스에서도 신성한 빛의 향연이 펼쳐지고 있는 것이다.

〈성모 승천〉 티치아노, 베네치아, 산타 마리아 글로리오사 데이 프라리 성당. 그림은 화려한 고딕 스테인드글라스와 함께 신성한 빛의 향연을 펼치고 있다.

그 누구라도 이 작품만 보면 티치아노가 왜 '회화의 군주'인지 단번에 알 수 있을 것이다. 우리는 한순간도 그림에서 눈을 뗄 수가 없었다. 말 그대로 감동이 물밀듯 밀려왔다. 급하게 일정을 바꾼 것이 천만다행이라는 생각도 들었다. 조반니 벨리니에게서 받은 잔잔한 감동은 티치아노 앞에서 넘칠 대로 넘쳐 버렸다.

오랜 시간이 지난 후에야 우리는 겨우 다른 그림 앞으로 발길을 옮길 수 있었다. 그런데 이번에도 다시 티치아노의 작품이다. 바로 '페사로의 제단화'다.

베네치아의 해군 제독을 지낸 자코보 페사로가 주문한 이 그림은 터키군을 상대로 거둔 승리를 기념하기 위해 제작된 것이다. 그런데 성인들을 비롯한 인물들의 배치가 독특하다. 제단화에서 당연히 화면의 중앙에 위치하기 마련인 성모와 아기 예수는 오른쪽 윗부분에 자리를 잡았다. 화면의 중앙에는 성 베드로가 앉아 있고 그 앞에는 주문자인 페사로 가문 사람들이 무릎을 꿇고 앉아있다.

〈페사로의 제단화〉티치아노, 베네치아, 산타 마리아 글로리오사 데이 프라리 성당. 일반적인 구도에서 벗어난 파격적 배치인데도 우리의 시선은 성모와 아기 예수에게로 모아진다.

당시의 일반적인 구도에서 벗어난 파격적 배치. 그런데도 우리의 시선은 성모와 아기 예수에게로 모아진다. 역시 색채와 빛 때문이다. 성모와 아기 예수는 다른 인물들에 비해 훨씬 밝고 선명한 톤으로 그려져 있다. 그것은 구도를 바꾸더라도 색채와 빛을 통해 충분히 주제를 드러낼 수 있다는 베네치아 화파와 티치아노의 자신감이다.

그런데 그 자신감은 또 하나의 독특한 구도를 만들어 냈는데 그것은 화면 전체를 압도하고 있는 두 개의 거대한 기둥이다. 대체로 제단화의 배경은 실내이거나 아니면 추상적 공간이기 마련이다. 그런데 저 기둥들 때문에 이 그림은 외부 공간을 배경으로 하고 있음을 알 수 있다. 더구나 그 공간은 단지 화면 속에만 머물지 않고 화면 바깥까지 열려 있다. 그것은 화면 밖에 배치한 소실점 때문이다.

마사초가 '성 삼위일체'^{피렌체, 산타 마리아 노벨라 성당}에서 브루넬레스키의 일점 투시 원근법을 최초로 회화에 적용시킨 이후 소실점은 늘 화면 중앙에 위치하기 마련이었다. 그런데 티치아노는 그 소실점을 다른 곳, 심지어 화면 바깥으로 이동시킨 것이다. 이 역시 다양한 시도를 가능케 한 또 다른 혁신이라 할 수 있다. 이후 화가들은 다양한 소실점을 발견했고 그만큼 다양한 구도를 만들어 낼 수 있게 되었다.

미켈란젤로를 비롯한 피렌체 화파는 인정하기 싫었겠지만 티치아노는 이미 그들과는 또 다른 방식으로 미술사를 써가고 있었던 것이다. 그래서일까? 화면 오른쪽 아래 부분에서 감상자를 빤히 바라보고 있는 페사로 가문 아이의 모습에서 당돌함과 자신감이 느껴진다. 혹시 저 아이의 얼굴이 티치아노 자신의 어린 시절 모습은 아니었을까 상상해 본다.

〈티치아노의 무덤〉 베네치아. 산타 마리아 글로리오사 데이 프라리 성당. 회화의 군주는 자신의 데뷔작과 같은 곳에 잠들어 있다.

이제 우리는 그 당당한 티치아노의 마지막 앞에 섰다. 젊은 나이에 데뷔하여 명예와 부를 함께 누린 티치아노. 하지만 그는 그것에 안주하지 않고 여든을 훨씬 넘긴 나이까지도 끊임없이 자신의 미술을 혁신했다. 그리고 그 혁신의 결과는 여전히 붓을 들고 캔버스에 유화 물감을 칠하고 있는 오늘의 화가들에게까지 영향을 미치고 있다. '회화의 군주'라는 위대한 호칭이, 그래서 너무나 합당한 그 티치아노의 무덤이 우리 눈앞에 있다. 자신의 데뷔작과 같은 공간에 묻혀 있는 티치아노. 그의 치열한 예술 정신과 위대한 삶 앞에서 우리는 고개를 숙였다.

티치아노의 무덤을 뒤로 하고 프라리 성당을 나선 우리는 한동안 갈피를 잡지 못했다. 늦은 오후의 하늘은 아직 푸른빛을 간직하고 있었지만, 급박하게 일정을 바꾼 탓에 다음 일정에 대해 생각할 여유가 없었던 것이다. 우리는 우선 가까운 바포레토

정류장으로 발길을 옮겼다. 오늘 아침에도 그랬던 것처럼 이 역시 갑작스러운 결정이다. 이제는 늦은 오후의 카날 그란데를 만날 차례다. 다행스럽게도 우리에게는 72시간 동안 이용할 수 있는 바포레토 패스가 있었다.

산타 마리아 델라 살루테 성당

바포레토가 시원스레 카날 그란데를 가른다. 우리는 사방으로 시선을 옮겨본다. 유럽을 여행하다 보면 작은 베네치아라 이름 붙은 곳들을 수없이 많이 만날 수 있다. 카날^{canal, 운하}이 있는 곳이면 어디든 그런 이름 붙어있다고 해도 과언이 아니다. 하지만 그렇게 베네치아를 닮은 도시는 있어도 진정 베네치아만큼 아름다운 도시는 없다는 말, 그 말도 절대 과언이 아니다. 운하와 어우러진 그 어느 풍경도 베네치아를 표현하는데 부족함이 없겠지만, 특히 '산타 마리아 델라 살루테 대성당^{Basilica di Santa Maria della Salute}'을 배경으로 한 카날 그란데의 모습을 보고 있자니 이보다 더 아름다운 풍경은 없을 거란 확신이 든다. 베네치아의 이미지를 사각의 한 프레임에 담기에 이보다 더 완벽한 대상은 없을 것이다.

미국의 소설가 겸 비평가 헨리 제임스^{Henry James 1843~1916}는 이 살루테 대성당을 '응접실 입구에 서 있는 아름다운 여인'으로 표현했다. 또 누군가는 '낭만적인 웨딩 케이크'에 비유했다고 한다. 하지만 우리는 '아름다운 여인' 또는 '낭만적인 웨딩 케이크' 정도의 소박한 비유에는 동의할 수 없다. 바로크 풍의 화려한 조각들이 가득한, 베네치아의 수많은 다른 건물들과는 뚜렷한 '다름'을 보여주는 성당이 우리 눈에는 그처럼 소극적이고 수줍은 모습으로 보이지 않았다. 오히려 도발적인 자태가 느껴졌다.

〈산타 마리아 델라 살루테 대성당과 카날 그란데〉 베네치아를 대표하는 풍경이다.

〈산타 마리아 델라 살루테 대성당〉 베네치아의 다른 건물들과 달리 도발적인 바로크 양식의 성당이다.

'살루테Salute'는 이탈리아어로 건강과 구원을 뜻한다. 우리가 '건배'라고 외치듯 이탈리아 사람들은 잔을 부딪치며 "살루테!"를 연이어 부르짖는다. 산타 마리아 델라 살루테 대성당은 그렇게 건강과 구원을 감사하고 기원하는 뜻에서 성모 마리아에게 봉헌된 성당이다.

1630년, 베네치아는 흑사병의 공포에 떨었다. 베네치아 공화국의 시민 15만 명 중 1/3에 해당하는 47,000여 명이 흑사병으로 죽게 되자, 베네치아 의회는 흑사병이 멈추면 그에 대한 감사로 성모 마리아를 기념해 성당을 짓겠다고 신에게 다짐을 했다. 정말 신이 도왔는지 날씨가 서늘해지면서 흑사병은 물러갔다. 의회는 약속을 지켜 성당을 짓기로 하고 1년 여에 걸쳐 건축 설계안을 공모했다. 모두 12개의 설계안 중에 당시에 거의 무명에 가까웠던 베네치아의 뛰어난 건축가, 발다사레 롱게나 Baldassarre Longhena 1598~1682의 안이 선정됐다. 착공은 재빨리 1631년에 이뤄졌지만 건물의 기반을 다지는 데만 수십만 개의 목재가 사용되었으며 공사는 더뎠고 완공은 쉽지 않았다. 설계안을 낸 롱게나가 일생을 바쳤다는 말 그대로, 성당은 롱게나가 죽은 후 5년이 지난 1687년이 돼서야 완공됐다.

성당은 그 촘촘한 기반 위에 오랜 세월과 공을 들여 두 개의 돔을 지닌 아름다운 바로크 양식의 건물로 완성됐다. 사실 산타 마리아 델라 살루테 성당이 지어진 17세기 베네치아는 당시 로마에서 크게 유행하던 바로크 풍에는 전혀 관심이 없었다. 베네치아는 그저 전통적인 건축양식을 고집하며 지켜나가고 있던 터였다. 때문에 이 성당은 바로크 풍으로 지어진 베네치아의 거의 유일한 건축물이라고 하며, 베네치아의 다른 건물들과는 확연히 다른 모습을 지니고 있다.

‘일그러진 진주’라는 뜻의 포르투갈어에서 따온 말이 ‘바로크^{Baroque}’ 다. 그만큼 바로크 건축 양식은 비정형적이고 개성이 강한 특징을 보인다. 산타 마리아 델라 살루테 성당 역시 돔의 모습이나 거대한 입구, 외관을 장식하고 있는 화려한 조각들에서 자유롭고 대담하고 역동적인 기운이 느껴진다. 그런데 이것들이 이 베네치아만의 개성이라는 것도 알게 된다. 어떤 미술 사학자는 바로크 양식은 위에서 군림하려 하지 않고 같은 눈높이로 내려와 적극적으로 구애하는 느낌이라 했다. 또 어느 지역이건 그 지역에 맞게 변화할 줄 안다고도 했다. 베네치아의 바로크는 역시 베네치아답게 변했노라, 산타 마리아 델라 살루테 성당이 보여준다.

로마의 개선문을 모델로 만들었다는 화려하고 거대한 중앙 출입문은 닫혀있었다. 그래서 우리는 오른쪽 옆으로 열려 있는 작은 문을 통해 성당 안으로 들어섰다. 내부의 둥근 천장 밑으로 커다란 팔각형의 공간이 있고 그 주위에 6개의 소성당이 방사선 형태로 위치해 있다.

팔각형 공간의 정면에 보이는 주제단 조각상은 조세 데 코르테^{Josse de Crte}의 작품으로 성모가 흑사병을 퇴치하는 모습을 담고 있다. 제단 가운데는 성모와 아기 예수의 이콘^{icon, 신앙의 중요 요소인 예수, 성모, 성인 등의 성화상}이 자리해 독실한 신앙이 흑사병으로부터 베네치아를 구원했다는 의미를 보여주고 있다.

〈성령의 강림〉티치아노. 베네치아, 산타 마리아 델라 살루테 성당. 기독교가 설립되고 선교가 시작됨을 알리는 신호탄이 된 중요한 사건을 묘사하고 있다.

팔각형 공간의 여덟 개 면 중에서 입구와 정면의 주제단을 제외한 나머지 여섯 개 면에는 각각의 제단에 성화와 조각상들이 있다. 그중 유심히 봐야 할 그림 하나가 있는데 티치아노^{Tiziano Vecellio 1488?~1576}의 '성령의 강림'이다. 그림은 오순절에 제자들이 모인 곳에 성령이 내려왔다는 성경 속의 한 장면을 그대로 묘사한 것이다.

"오순절이 되었을 때 그들은 모두 한자리에 모여 있었다. 그런데 갑자기 하늘에서 거센 바람이 부는 듯한 소리가 나더니, 그들이 앉아있는 온 집안을 가득 채웠다. 그리고 불꽃 모양의 혀들이 나타나 갈라지면서 각 사람 위에 내려앉았

다." (사도행전 2,1-4)

성경에는 예수가 부활한 후 50일째 되는 날 성령이 사도들에게 내려옴으로써 사도들이 세상에 복음을 선포하기 시작했다고 전하고 있다. 비로소 기독교가 설립되고 선교가 시작됨을 알리는 신호탄인 것이다.

티치아노는 제자들이 모여 기도하던 작은 방을 로마식 궁륭으로 표현했다. 성령은 비둘기에서 사방으로 뿜어져 나오는 하얀 빛으로 표현됐고, 성서의 표현처럼 '불꽃 모양의 혀'도 각 인물들의 머리 위로 내려앉고 있다. 하늘을 향해 팔을 뻗고 놀람과 두려움에 찬 표정의 사도들은 드라마틱한 성령 강림의 순간을 제각기 다른 모습으로 맞이하고 있다. 급박한 움직임과 술렁임이 느껴지는 가운데, 성모 마리아는 중앙에서 양 손을 모으고 성부를 향해 기도를 드리는 것으로 거룩한 성령을 받아들이고 있다.

기독교에서는 성령을 신의 얼이며 숨결이고 바람이라고 표현한다. 우리는 티치아노의 이 제단화 앞에 한동안 서 있으면서 그가 완성한 뛰어난 공간감에 감탄했다. 마치 신앙의 숨결과 바람이 격정적으로 회오리치다 구원과 건강을 위한 기도 속에 편안해지는 모습을 보는 듯했다.

살루테 대성당에는 티치아노의 '성령 강림' 외에도 놓치면 후회할 보물 같은 그림들이 많다. 그 그림들은 제단 뒤쪽, 입장료를 내야 들어갈 수 있는 보물실에 따로 전시돼 있다.

〈왕좌에 앉은 성 마르코〉 티치아노, 베네치아, 산타 마리아 델라 살루테 성당. 티치아노의 초기 제단화로 특이하게 마르코 성인이 다른 성인들 위에 앉아 있다. Wikimedia Commons

보물실 입구에 들어서서 가장 먼저 보이는 그림은 티치아노의 초기 제단화인 '왕좌에 앉은 성 마르코'다. 흰 구름이 두둥실 떠 있는 하늘을 배경으로 손에 커다란 책을 들고 근엄한 표정과 위엄 있는 자세로 아래를 굽어보는 이가 이 그림의 주인공, 4복음서의 저자 중 한 명인 성 마르코다.

마르코 성인은 다른 네 성인들 보다 크게 그려졌으며, 역동적인 몸짓이 돋보인다. 제단화로 그려졌다니 원래 그림의 위치도 그랬겠지만, 보물실에 걸린 그림의 위치도 우리의 시선보다 위에 있어 마르코 성인이 위에서 아래로 우리를 내려다보고 있는 느낌이다. 수염이 덥수룩한 그의 얼굴은 그늘에 가려 뚜렷한 표정을 내비치는 것보다 더 큰 신비감을 주고 햇살에 광택이 비쳐 보이는 붉은 옷과 푸른 천은 화면에 부드러운 생기를 불어넣고 있다. 그림에는 빨강과 파랑, 녹색, 노랑 같은 화려하고 선명한 색상들에 검정과 흰색 같은 무채색들까지 모두 어우러져 있는데 그 색깔들이 튀어 보이기보다는 각자의 위치에서 명확하게 울림을 내고 있다.

마르코 성인의 양쪽에는 각각 성 코스마^{St. Cosma}와 성 다미아노^{St. Damiano}, 성 로코^{St. Rocco}, 성 세바스티아노^{St. Sebastiano}가 그려져 있다. 오른쪽 기둥에 묶여있는 성 세바스티아노는 화살을 맞고 순교하는 전형적인 모습으로 표현됐고, 그 뒤에 검은 옷을 입은 성 로코의 얼굴은 티치아노의 초기 자화상으로 추측되고 있다.

티치아노의 그림은 구약성경의 세 장면을 그린 천장화로 이어진다. '카인과 아벨', '아브라함과 이삭의 희생제', '다윗과 골리앗'이 그것이다. 모두 1542년에서 1544년 사이에 그려진 그림들이다.

세 장의 천장화 중 아담과 이브의 두 아들 카인과 아벨의 비극을 표현한 첫 그림을 보면, 아벨의 제물만 받은 신의 선택에 화가 난 카인이 동생을 죽이는 장면이 정말 무섭도록 어둡고 극적으로 묘사돼 있다. 카인이 아벨의 가슴을 발로 차면서 곤봉으로 내려치는 모습에선 죄로 덧씌워진 인간의 잔혹함이 보인다. 배경에도 먹구름이 번져 죄에 대한 두려움이 극대화되어 있는데, 번개가 쳐서 응징을 받으리라는 암시이기도 하다.

〈카인과 아벨〉 티치아노, 베네치아, 산타 마리아 델라 살루테 성당. Wikimedia Commons

〈아브라함과 이삭의 희생제〉 티치아노. 베네치아, 산타 마리아 델라 살루테 성당. Wikimedia Commons

중간에 놓여 있는 '아브라함과 이삭의 희생제'도 극적이긴 매한가지다. 제단 위에 어린 이삭을 놓고 목을 내리치려는 아브라함의 칼을 천사가 막고 있는 장면은 보는 사람의 마음을 숨 가쁘게 한다. 단 1초도 늦어져서는 안 되는 상황. 티치아노는 인물들의 역동적인 동작과 빠르게 움직이는 듯한 배경의 구름을 통해 급박한 현장감을 완벽하게 표현했다.

마지막 그림에서는 거인 골리앗과의 싸움에서 지칠 대로 지친 다윗이 마침내 골리앗의 목을 자르고 하늘을 향해 감사의 기도를 드리는 기쁨이 고스란히 그려져 있다. 비록 다윗의 표정은 두 팔에 가려 보이지 않지만, 힘겨움에 섞인 감격이 분명 있었으리라. 하늘도 황금빛으로 열리고 보는 이들 마저도 안도의 숨, 감사의 기도를 내뱉게 하는 장면이다.

〈다윗과 골리앗〉 티치아노, 베네치아, 산타 마리아 델라 살루테 성당. Wikimedia Commons

티치아노는 이 세 장면이 지닌 긴박함과 격렬함을 극대화시키기 위해 전체적으로 화면을 어둡게 처리하면서 모두 아래에서 위로 올려다보는 시점을 선택했다. 배경의 하늘은 모두 어둡지만 다른 빛깔, 다른 속도로 움직이며 극적인 분위기를 만들고 아래에서 위로 급격하게 짧아지는 구도로 강렬한 장면들을 각인시키고 있다.

티치아노의 세 천장화를 보고 나니, 공포와 스릴이 이리저리 잘 뒤섞인 짜릿한 영화 한 편을 본 것 같다. 하지만 아직 영화는 끝나지 않았다. 살루테 성당의 보물실에서는 틴토레토의 '가나의 혼인잔치'란 또 하나의 큰 이야기도 놓치지 말고 만나야 한다.

예수는 갈릴리 북부지방 가나에서 열린 이 혼인잔치에 초대받아 첫 기적을 행한다. 잔치 중에 포도주가 동이 나자 물로 포도주를 만드는 기적을 행한 것인데, 틴토레토는 기적까지 행해진 이 북적이는 잔치 장면을 그리 크지 않는 화폭에 인상적으로 담아냈다.

〈가나의 혼인잔치〉 틴토레토. 베네치아, 산타 마리아 델라 살루테 성당. Wikimedia Commons

이 그림은 원래 어느 수녀원 식당에 걸릴 그림으로 의뢰됐다고 하는데, 그 구도가 평범하지 않다. 내일 산 조르조 마조레 성당에서 틴토레토의 마지막 작품인 '최후의 만찬'도 보게 되겠지만, 이 '가나의 혼인잔치'는 그 최후의 역작을 위한 서막처럼 느껴진다. 수평 구도를 해치진 않았지만 사람들이 모여 앉은 긴 테이블은 안쪽을 향해 깊이 뻗어 있다. 레오나르도 다빈치의 '최후의 만찬'처럼 이렇게 긴 테이블은 가로로 놓여있어야 안정적일 듯한데, 수직으로 뻗은 테이블이 공간감을 주고 또 그 공간에 움직임까지 더해준다. 기적의 중심인물인 예수는 그늘 속에 너무 작게 그려져 있어 놓칠 수도 있겠다 싶지만, 긴 테이블이 예수가 앉은 방향으로 뻗어있어 감상자의 시선은 자연스럽게 예수에게로 향한다. 또 천장에서 내려온 빛이 화면의 중앙과 테이블 앞쪽을 비추며 깊이감이 더 크게 느껴지는데, 그 빛으로 인해 명암이 확연해지기도 하고, 그로 인해 수많은 인물들에게 시선이 골고루 닿게 된다.

그런데 예수의 첫 기적이 행해진 가나의 혼인잔치에 자리한 사람들 모습에 하나하나 눈길을 주다 보면, 어느 순간 그림 가장 중앙에 서있는 한 남성에게 시선이 닿는다. 잔치를 즐기는 여인들 뒤로 시선을 살짝 아래로 떨어뜨리고 있는 남성. 그는 다름 아닌 중년의 틴토레토. 어두운 듯 보이지만 따뜻한 빛이 쏟아지고, 거친 듯 느껴지지만 뚜렷한 주제의식을 거침없이 풀어놓은 화가 틴토레토. 우리들 눈에는 그런 그가 보였다.

산타 마리아 델라 살루테 대성당을 나서니 가까운 하늘은 푸른빛이 아주 어두워졌고, 먼 하늘은 붉은빛이 더 짙게 번져나고 있다. 짙은 푸른빛은 농도를 달리해 일렁이고 노을의 붉은 빛깔은 점이 됐다 덩어리가 됐다 하며 모양을 달리해 움직인다. 가로등의 희뿌연 빛깔도, 관광객을 발길을 잡은 가게의 알록달록 간판들도, 가정집 창문에서 흘러나오는 따스한 온기도 눈에서 마음으로 물결을 이루며 빛을 전한다. 베네치아의 모든 색은 특별함을 지닌다. 일상의 모든 빛깔에 물빛이 더해져 한 순간도 같을 수 없는 베네치아만의 색채를 만들어 낸다. 거기에 매순간 예상할 수 없는 움직임이 더해지고 여느 도시와는 절대 같을 수 없는 공기와 냄새와 사람들의 체온이 더해져 베네치아는 우리의 눈앞에서 '세상의 다른 곳'이 되어 있다.

살루테 성당과 카날 그란데는 지는 노을로 인해 빠르게 붉어가고 있다. 티치아노의 그림들 속 붉은 옷자락들이 떠오르는 것 같기도 하다. 하지만 모터를 단 작은 배 하나가 지나며 순간 떠올린 빛깔들을 모두 뒤섞어놓고 가버렸다. 물결의 출렁임 뒤로 빛과 색의 조합은 끊임없이 이어진다.

〈노을빛 베네치아〉 물결의 출렁임 뒤로 빛과 색의 조합은 끊임없이 이어진다.

　‘이게 베네치아구나, 베네치아의 색채구나...’ 골목골목을 돌며, 작은 카날들을 건너며 빛의 향연을 펼치는 베네치아의 밤 속으로 들어갔다. 그런데 기가 막히게도 ‘티치아노’란 간판이 눈앞에 나타났다. 저녁 식사를 하면 딱 좋을 시점과 지점에 나타난 저렴한 스파게티 가게였다. 오늘 하루는 티치아노로 멋지게 마감을 하라는 베네치아 수호 성인의 가호가 우리에게 내린 건 아닌지. 우리가 주문한 봉골레 스파게티는 촉촉하면서 따뜻했고, 무엇보다 양이 많았다. 베네치아 서민들로 북적이는 가게 안에선 손님이 데려온 애완견이 두 발로 서서 재롱을 부리며 웃음을 만들었고, 우리는 여행자란 이질감 없이 그 행복한 공기에 젖어들 수 있었다.

〈스넥바 티치아노〉 오늘 하루는 티치아노로 멋지게 마감을 하라는 베네치아 수호성인의 가호가 우리에게 내린 건 아닌지.

숙소로 들어가기 전 우리는 베네치아에 온 이후 매일 들른 슈퍼마켓에서 물과 작은 토마토를 샀다. 그리고 맥주도 한 캔씩 마셔볼까 하며 주류코너로 자리를 옮겼는데, 이런! 오늘의 마무리는 티치아노가 아니라 벨리니였나 보다. 우리가 동시에 발견한 건 맥주가 아니라 '벨리니 칵테일'이었다.

틴토레토, 미운 오리 새끼에서 백조로

스쿠올라 그란데 산 로코

황금빛 모자이크와 조반니 벨리니와 티치아노를 만난 어제의 여운은 이른 아침까지 이어졌다. 오늘 같은 날은 마셔줘야 된다며 잠자리에 들기 전 우리는, 슈퍼에서 사온 벨리니 칵테일을 나누어 마셨다. 조반니 벨리니의 부드러운 분홍빛을 닮은 복숭아맛 벨리니 칵테일은 그의 그림만큼이나 부드럽고 달콤했다. 며칠 간의 빡빡한 일정에 피곤했던 것일까? 기분 좋을 정도의 적당한 술기운은 우리를 깊은 잠에 빠뜨렸고 결국 모두 늦잠을 자고 말았다. 하지만 그 덕분에 기분은 오히려 상쾌했다.

베네치아의 골목과 수로는 어느새 아침 햇살로 반짝이고 있다. 아침을 여는 수상택시의 엔진 소리도 건물과 건물 사이를 파고 들어온 햇살 속에서 경쾌하게 질주한다. 우리는 여느 때와 달리 조금은 느긋한 기분으로 베네치아의 거리를 걸었다. 어제의 벨리니와 티치아노에 이어 오늘은 하루 종일 틴토레토^{Jacopo Robusti, Tintoretto} ^{1518~1594}를 만날 작정이다. 그리고 그 첫 일정은 '산 로코 대신도회당^{Scuola Grande di} ^{San Rocco}' 이다.

〈아침을 여는 수상 택시〉 아침을 여는 수상 택시의 엔진 소리도 건물과 건물 사이를 파고 들어온 햇살 속에서 경쾌하게 질주한다.

호텔에서 산 로코 대신도회당까지는 천천히 걸어도 10분이 채 걸리지 않는 거리. 우리는 느긋하게 움직였다. 수로를 건너는 다리 위에서 사진도 찍고 예쁜 골목이 나타나면 일부러 골목 깊숙한 곳까지 들어가 보았다. 그것은 말하자면 일종의 예열같은 것이었다. 한 위대한 예술가의 일생이 담긴 기념비적 공간을 아침 댓바람부터 번갯불에 콩귀먹듯 급박하게 만날 수는 없는 노릇이었다. 할 수 있는 한 최대한 천천히 걸었다. 하지만, 그처럼 느긋하게 도착했는데도 이른 아침의 산 로코 대신도회당은 한산한 편이었다. 우리는 마지막으로 준비해온 자료들을 한 번 더 훑어보고는 대신도회당에 입장했다. 그런데 우리의 예상은 틀리지 않았다. 아니나다를까 입장하자마자 가슴에선 주체할 수 없는 감동이 메밀꽃 가득한 봉평의 보름달빛처럼 넘치고 넘쳐났다.

〈산 로코 대신도회당〉 역병이 창궐한 1478년 치유의 성인, 성 로코를 수호성인으로 모시고 설립된 '스쿠올라 그란데 산 로코'의 회당이다.

'스쿠올라 그란데 산 로코 Scuola Grande di San Rocco', 즉 산 로코 대신도회는 13세기부터 형성되기 시작한 베네치아 특유의 문화인 '스쿠올라' 중 하나다. 상업국가 베네치아의 중심 세력은 당연히 상인들이었다. 군주는 물론 존재하지 않았고, 도제 Doge, 즉 총독도 투표를 통해 선출되었다. 귀족들이 있기는 했지만 그들 대부분은 상인 출신이었다. 교황권의 영향력에서 좀 떨어진 곳이라 가톨릭 교회도 다른 이탈리아 도시들과 비교한다면 권력이 약한 편이었다. 그러다 보니 상인들이 세운 여러 단체들의 활동이 활발했다. 스쿠올라는 상인들 중심의 신도 단체로 요즘 식으로 말하면 가톨릭 자선단체라 할 수 있다. 그중 규모가 큰 것을 '스쿠올라 그란데 Scuola Grande' 라 하는데, 이곳 스쿠올라 그란데 산 로코는 역병이 창궐한 1478년 치유의 성인, 성 로코를 수호성인으로 모시고 설립된 스쿠올라이다.

15, 16세기를 거치면서 베네치아의 한 축으로 성장한 스쿠올라들은 자신들의 회당을 짓고 미술 작품들로 건물을 장식했다. 그런데 평민들이 주축이 된 단체이다 보니 아무래도 권력층들과는 다른 미적 취향을 보였다. 그런 스쿠올라의 요구에 꼭 맞는 인물이 있었으니 그가 바로 틴토레토다.

스쿠올라 그란데 산 로코는 1564년 자신들의 회당을 장식할 화가를 모집했는데, 베로네세와 틴토레토를 비롯한 5명의 화가들이 공모에 참여했다. 그런데 틴토레토는 조금은 공정하지 못한 방법으로 그 자리를 차지하게 된다. 스케치를 제출해야 된다는 규칙을 어기고 유화 그림을 완성해서는 벽면에 부착까지 해버린 것이다. 그것은 틴토레토의 계략이기도 했지만 놀랄 만큼 빠른 그의 작업 속도 덕분이기도 했다. 다른 화가들의 경우는 스케치도 겨우 완성할 정도로 짧은 공모기간이었는데 틴토레토는 아예 작품을 완성했으니 말이다.

어쨌든 스쿠올라의 심사위원들은 난감했다. 당연히 틴토레토에게 불합격 처분을 내려야 되는데 작품이 마음에 들었던 것이다. 틴토레토는 한술 더 떠 공모에 합격하지 못하더라도 작품을 스쿠올라에 기증하겠다는 의사를 밝힌다. 결국, 기증품을 거절할 수 없다는 스쿠올라의 규칙과 전체 작품들의 통일성이라는 원칙에 따라 회당을 장식할 화가는 틴토레토로 결정되었다.

비록 조금은 부당한 방법으로 스쿠올라 회당의 장식을 맡기는 했지만 이후 틴토레토가 보인 열정과 예술적 성과는 눈부셨다. 1564년부터 1588년까지 무려 24년 동안 오로지 이 작업에만 몰두하여 그 누구라도 인정할 수밖에 없는 아름답고 위대한 50여 편의 작품들을 완성한 것이다. 특히 오랜 세월이 흐르는 동안 틴토레토의 회화 양식도 점점 변해갔는데 이곳에서는 그 변화 과정을 발견할 수도 있다.

지상층인 입구에 들어서자 '수태 고지'를 시작으로 '동방박사의 경배', '영아 살해', '이집트로의 도피' 등 신약 성경의 내용 중 성모 마리아의 삶을 담은 틴토레토의 걸작 8편이 숨 쉴 틈 없이 이어진다.

가브리엘 천사로부터 처녀 수태를 고지받는 성모 마리아의 모습을 담은 '수태 고지'는 중세 이래 화가들이 즐겨 그린 소재 중 하나였다. 창세기의 세상이 그러하듯 신의 말씀

〈수태 고지〉 틴토레토. 베네치아. 스쿠올라 그란데 산 로코. 가브리엘 천사로부터 처녀 수태를 고지받는 성모 마리아의 모습을 담은 그림으로 대신도회당의 입구를 장식하고 있다. Wikimedia Commons

으로 탄생한 예수, 그것은 예수가 인성과 함께 신성을 가진 존재임을 나타내는 중요한 증거이다. 동시에 성모 마리아를 신격화할 수 있는 중요한 근거이기도 하다. 그래서 국제 고딕 양식의 시모네 마르티니와 지오토를 시작으로 르네상스 시기에도 프라 안젤리코, 필리포 리피, 보티첼리, 레오나르도 다빈치 등 수많은 화가들이 이

'수태 고지'를 그렸다. 그런데, 틴토레토의 이 작품은 그 이전의 모든 작품들과 확연한 차이가 있다. 그것은 격렬한 운동감과 불안에 떨고 있는 성모 마리아의 극적인 표정이다.

폭격이라도 맞은듯 초라한 건물. 그것은 목수 요셉의 집이었다. 목재들과 공구들로 어지러운 목공소에서 나무를 자르고 있는 요셉. 그의 머리 위로 한 무리의 천사들이 가볍게 날아 집안으로 들어간다. 그리고 어느새 날아온 대천사 가브리엘이 목수의 소박한 집 안에서 책을 읽고 있던 마리아에게 처녀 수태를 알린다. 이미 요셉과 약혼한 몸인 마리아는 갑작스런 천사의 방문과 함께 신이 내린 감당하기 힘든 운명을 듣고는 어쩔 줄 몰라하고 있다.

어딘지 모르게 엄숙하고 순결하며, 신성과 함께 모성이 느껴졌던 이전의 수많은 '수태 고지'들에서는 결코 만날 수 없었던 당혹감과 두려움이다. 틴토레토의 '수태 고지'는 말하자면 신성에 앞서 가장 인간적인 감정들을 드러내고 있는 것이다. 그것도 티치아노와 베로네세에게서는 만나기 힘들었던 역동적인 화면 구성과 과감한 붓터치로 말이다. 르네상스 피렌체 화파처럼 정제된 구도는 물론이고 같은 베네치아 화파에 비해서도 어수선해 보이는 화면. 그것은 일종의 파격이었다.

〈동방박사의 경배〉 틴토레토, 베네치아, 스쿠올라 그란데 산 로코. 베들레헴의 마굿간에서 태어난 아기 예수에게 경배를 드리러 온 세 명의 동방박사들을 묘사한 그림이다. Wikimedia Commons

　이런 틴토레토의 파격은 '동방박사의 경배'에서도 이어진다. 베들레헴의 마굿간에서 태어난 아기 예수에게 경배를 드리러 온 세 명의 동방박사들 역시 그림의 단골 소재였다. 틴토레토는 이 그림에서도 기존의 그림들과 다른 방식으로 화면을 구성하고 인물들을 묘사했다. 그런데 그보다 더 중요한 것은 과감한 붓터치다. 우선 어두운 마굿간이라는 공간을 그대로 살려 조명을 거의 사용하지 않았다. 그러다 보니 몇몇 주요 인물들을 제외하고는 나머지 인물들과 천사들은 표정도 동작도 제대로 보이지 않는다. 심지어 건물 바깥의 축하 행렬은 거친 붓터치로 그 형상만 묘사했을 뿐이다. 그것은 마치 근대의 인상파 화가들이 했을 법한 마무리다.

　그런데 이런 틴토레토의 표현법은 당시에 많은 비판을 받았다고 한다. 그림을 마무리하지 않았다는 것이다. 그 시절의 사람들에게 무성의하게 마무리한 듯한 배경과 아예 없다시피한 세부 묘사, 몇 번의 터치로만 묘사된 인물들은 분명 그렇게 보였을 것이다. 하지만 세부 묘사보다 극적인 구성과 주제 의식을 중요시한 틴토레토의 입장에서 그것은 완성된 그림이었다. 그리고 그것은 바로 다음에 이어질 '바로크'라는 양식의 원형이기도 했다.

이어서 '이집트로의 도피', '이집트에서의 성모 마리아'를 본다. 헤롯왕의 무자비한 '영아 살해'를 피해 아기 예수를 데리고 이집트로 도피하는 성모 마리아와 요셉. 틴토레토는 이번에도 파격적인 구도로 우리를 매혹시킨다.

〈이집트로의 도피〉 틴토레토. 베네치아. 스쿠올라 그란데 산 로코. 헤롯왕의 '영아 살해'를 피해 아기 예수를 데리고 이집트로 도피하는 성모 마리아와 요셉을 묘사한 그림이다.

턱밑까지 쫓아온 추격자들을 보고 놀란 나머지 지팡이도 물도 식량도 팽개치고 도망치고 있는 요셉과 성모와 아기 예수. 놀랍게도 그들은 화면 중앙이 아니라 왼쪽 아래편에 치우쳐 있다. 구도만 보면 인물들보다 우거진 수풀의 이국적인 풍광이 더 돋보인다. 그런데 이런 극단적인 구도 때문에 상황의 급박함과 긴장감이 잘 드러난다. 그리고 성모와는 달리 머리 위의 광배가 묘사되어 있지 않은 성 요셉. 이마가 벗겨진 그의 모습에서는 그저 가족을 지켜야겠다는 책임감과 함께 어떤 고단함 같은 것이 느껴진다.

〈이집트로의 도피(부분)〉 틴토레토, 베네치아, 스쿠올라 그란데 산 로코. 저 가여운 요셉의 모습에서 우리는 어쩔 수 없이 틴토레토의 모습을 떠올려야만 했다.

그랬다. 어찌보면 신은 요셉에게 너무나 가혹했다. 그의 약혼녀 마리아가 처녀 수태를 했다는 말을 들었을 때, 요셉의 심정은 어땠을까? 그리고 호구 조사를 위해 길을 떠났던 베들레헴의 한 마굿간에서 예수가 태어났을 때, 또 저처럼 아내와 아기를 데리고 목숨을 건 탈출의 길을 나섰을 때, 그의 마음 속에는 오로지 신의 섭리에 대한 순응만이 있었을까? 그것은 분명 아내, 마리아에 대한 사랑 때문이었을 것이라 하면 너무 불경스러운 생각일까? 저 가여운 요셉의 모습에서 우리는 어쩔 수 없이 틴토레토의 모습을 떠올려야만 했다.

틴토레토는 그런 화가였다. 티치아노가 지배하던 베네치아에서 틴토레토는 말하자면 요셉과 같은 존재였다. 1518년 베네치아에서 염색공의 아들로 태어난 자코포 로부스티Jacopo Robusti, Tintoretto 1518?~1594는 '어린 염색공'이란 뜻의 별명, '틴토레토'를 자신의 이름처럼 사용했다. 어린 시절 틴토레토가 티치아노의 공방에서 그림을 배운 것은 사실인 것 같다. 그런데 어떤 이유에서였는지 티치아노는 틴토레토를 내쫓았다. 이후 거의 독학으로 그림을 익힌 틴토레토는 20대 초반부터 독립적인 작품 활동을 벌이기 시작한다. 하지만 베네치아는 티치아노의 미술이 지배하는 세상. 틴토레토가 설 자리는 별로 없었다. 앞서 말한 것처럼 파격적인 구도에 어딘지 완성되지 않은 듯한 그의 그림을 베네치아 귀족들이나 권력층들은 그다지 좋아하지 않았다. 그래서 선택한 것이 많이, 빨리 그려서 싸게 파는 것. 말하자면 박리다매였다. 그리고 그는 주문자들이 원한다면 스승인 티치아노의 그림을 흉내내기도 하고, 후배 베로네세의 기법으로도 그려 주었다.

그런데 사실 그 과정은 틴토레토의 미술이 완성되어 가는 과정이었다. "미켈란젤로의 드로잉과 티치아노의 색채"라는 좌우명을 작업실 벽에 써붙여 놓았다는 전설 같은 이야기는 그렇게 만들어졌다. 비정통적이라 할 수 있는 그의 양식이 그렇게 만들어진 것이다. 하지만 여전히 티치아노는 건재했고, 장식적인 화풍으로 귀족들의 취향을 사로잡은 후배 베로네세의 기세도 대단했다. 권력층이나 귀족들로부터 외면받다 보니 큰 돈을 벌 수도 없었다.

그렇게 어렵게 작가 생활을 이어가던 틴토레토는 서른 살 무렵 '스쿠올라 그란데 산 마르코'의 주문으로 그린 '성 마르코의 기적'^{베네치아 아카데미아 미술관}을 비롯한 '성 마르코 연작'을 통해 인정받기 시작한다. 그리고 24년간에 걸친 이 스쿠올라 그란데 산 로코 작업 이후 비로소 티치아노의 후계자로 인정받게 된다. 티치아노는 이미 12년 전에 세상을 떠났고, 1588년엔 베로네세도 비교적 젊은 나이에 세상을 떠나고 만 것이다. 틴토레토는 예순이란 나이에 베네치아 화파의 주인공이 됐다.

비록 정통도 아니었고 권력층을 사로잡을 만큼 매력적이지도 못했지만, 빼어난 테크닉과 극적인 화면 구성으로 결국 자기만의 양식을 완성시킨 틴토레토. 그러면서 신앙심 깊고 성실하고 가정적이었다는 틴토레토. 성 요셉에게서 그를 떠올린 것은 어찌보면 너무나 당연했다.

낯선 타국 이집트에서 하루하루를 불안한 마음으로 보내야 하는 성모의 고뇌를 그린 '이집트에서의 성모 마리아'는 거의 반추상화에 가까운 터치를 보여준다. 서쪽 하늘에 겨우 한 자락 빛만 남아 있을 뿐 전체적으로 어두컴컴한 화면. 책을 읽던 성모 마리아는 문득 해가 진 것을 깨달았는지 고개를 들어 자신들의 소박한 안식처와 이국적인 풍경을 바라보고 있다. 그런데 그 풍경이 예사롭지 않다.

분명 성화임에도 인물을 압도하는 풍

〈이집트에서의 성모 마리아〉 틴토레토. 베네치아, 스쿠올라 그란데 산 로코. 이집트에서 하루하루를 불안한 마음으로 보내야 하는 성모의 고뇌를 반추상화에 가까운 터치로 묘사했다.

경. 틴토레토는 작정하고 풍경을 화면의 주인공으로 끌어들인 느낌이다. 성모의 맞은 편에 있는 거대한 종려나무는 물론이고 개울과 숲들은 두꺼운 붓과 짙은 흑갈색으로 대충 윤곽만 잡혀 있다. 틴토레토는 그 위에 거친 터치로 하얀색을 덧칠했다. 그런데 그 무심한 것 같은 터치는 한 자락 노을빛이 만들어낸 명암을 표현하고 있다.

마니에리스모, 즉 매너리즘의 시대라곤 하지만 아직은 르네상스의 끝자락인 시기였다. 아니 이 그림은 인체나 대상을 왜곡해서 묘사하는 마니에리스모 양식으로도 설명할 수 없는 작품이다. 그것은 오히려 300년 후의 인상파 화가들에게서나 발견할 수 있는, 너무나도 과감한 터치다. 중요한 것은 매끈하고 세심한 마무리 손질이 아니라 주제 의식이라는 사실. 그리고 그 주제는 감상자들에게 상상할 여지로 남겨 두어야 한다는 미의식. 천부적인 재능은 부족했지만 끊임없는 노력으로 자신의 미술을 완성시켰던 노년의 틴토레토는 그렇게 몇 세대를 뛰어 넘었던 것이다.

우리는 이어지는 틴토레토의 걸작들에 숨이 막히는 것 같았다. 혁신과 노력없는 매너리즘이라는, 지나치게 기교적이며 작위적이라는, 틴토레토에 대한 이전의 평가는 분명 잘못된 것이었다. 누구라도 이 스쿠올라 그란데 산 로코에서 틴토레토를 만난다면 그렇게 느낄 수 있을 것이다. 우리는 두근거리는 가슴을 안고 2층으로 올라갔다.

〈스쿠올라 그란데 산 로코 2층〉 화려하기 그지없는 금박으로 천장 전체가 장식되어 있다.

〈스쿠올라 그란데 산 로코 2층〉 '최후의 만찬'도 보인다.

    2층은 1층과는 전혀 다른 분위기다. 화려하기 그지없는 금박으로 천장 전체가 장식되어 있다. 그리고 역시 틴토레토의 작품들이 있다. 그것들은 '아담과 이브'를 시작으로 '모세의 기적', '고래 뱃속에서 탈출하는 요나' 등 구약성경의 내용과 인물들이다. 또 벽면에는 '목동의 경배'를 시작으로 '세례 받는 예수', '나자로의 기적', '최후의 만찬' 등 예수의 일생이 걸려 있다. 화려한 장식도 놀랍지만, 틴토레토 특유의 극적인 연출로 구성된 작품들은 한 편 한 편이 모두 걸작이다. 너무나 많은 걸작들이 한꺼번에 한 공간에 펼쳐져 있다보니 무엇부터 봐야할지 어떻게 봐야할지 정신이 하나도 없을 지경이다.

    고딕 양식이 만든 최고의 회화 공간은 파도바 스크로베니 소성당에 있는 지오토의 프레스코 연작이다. 르네상스 최고의 회화 공간은 두 말할 필요 없이 바티칸 시스티나 성당에 있는 미켈란젤로의 '천지창조' 연작과 '최후의 심판'이다. 그렇다면 이곳 스쿠올라 그란데 산 로코는 후기 르네상스 또는 베네치아 화파 최고의 회화 공간일 것이다. 우리는 한껏 고개를 들고 천장의 그림들을 바라보다 목이 아프면 또 벽면으로 눈을 돌렸다. 그러다 다시 고개를 들고 천장을 바라보았다. 사방팔방 시선이 향하는 곳마다 틴토레토의 치열한 삶과 예술 정신이 느껴진다. 그리고 온몸에 소름이 돋아난다.

다시 발걸음을 옮긴다. 2층 홀 한 쪽에 자리잡은 '알베르고의 방Sala dell'Albergo'. 이곳에 위대한 매너리스트, 엘 그레코El Greco 1541~1614가 세계 최고의 작품이라 평가했던 작품이 걸려있다. 그것은 방 한 쪽 벽면을 가득 채운 거대한 그림, '십자가에 못 박힌 예수' 이다. 가로 12미터가 넘는 이 그림은 1564년, 틴토레토가 스쿠올라 그란데 산 로코의 장식을 맡게 된 그해 거의 처음으로 제작한 작품이다. 그만큼 심혈을 기울인 흔적이 엿보인다.

〈십자가에 못 박힌 예수〉 틴토레토. 베네치아, 스쿠올라 그란데 산 로코. 엘 그레코는 이 그림을 세계 최고의 작품이라 평가했다.

특이한 것은 예수의 죽음이 아니라 이제 막 십자가에 못박혀 세워진 예수의 모습을 형상화하고 있다는 점이다. 그리고 성경에 기록된 것처럼 예수와 함께 십자가형을 당한 두 명의 죄인이 차례로 십자가에 매달리는 모습을 묘사하고 있다. 그런데 그것이 마치 예수가 십자가에 매달리는 과정처럼 보인다. 그런가하면 예수의 발 아래에서 오열하는 이들의 모습과 그 오른쪽에서 예수의 옷을 두고 내기를 하는 이들의 모습은 극적인 대조를 이룬다.

여러 이야기들과 수많은 인물들을 한 화면에 배치하여 언뜻 혼란스러워 보일 수도 있는 이 그림에서 감상자를 집중하게 하는 힘은 바로 예수의 시선이다. 비현실적인 광배를 배경으로 이미 기운이 모두 쇠한 예수는 고개를 가누지 못하고 자신의 오른쪽 아래 방향을 바라보고 있다. 그런데 그 예수의 시선에 세 사람이 눈을 맞추고 있다. 십자가 바로 아래에서 예수를 바라보고 있는 두 남녀는 물론 예수의 제자인 성 요한과 성 마리아 막달레나이다. 그런데 예수와 함께 십자가에 매달렸던 또 다른 죄인 한 명 역시 예수와 눈을 마주치고 있다. 이스라엘 민족의 해방을 위해 싸운 열심당원이었던 그는 죽음을 앞둔 예수를 바라보며 "이 사람이 행한 것은 옳지 않은 것이 없다."며 마지막으로 자신의 죄를 회개했다고 한다. 그러자 예수는 이렇게 말했다. "오늘 네가 나와 함께 낙원에 있으리라."

그렇다. 그것은 이 회당을 찾아오는 수많은 이들에게 보내는 예수의 메시지였던 것이다. 틴토레토는 죽음 이후가 아니라 죽기 직전의 예수를 묘사함으로써 무지몽매했던 당시의 평민들에게 예수의 메시지를 전달한 것이다. 그리고 그것은 이 스쿠올라 그란데 산 로코가 지향하는 정신이기도 했다.

이제 그 예수의 고독을 만난다. '십자가에 못박힌 예수' 맞은편 벽에 걸려 있는 '빌라도 앞에 선 예수'.

로마 총독 본디오 빌라도는 난감했다. 아무리 봐도 순수한 이상주의자에 불과한

〈빌라도 앞에 선 예수〉 틴토레토. 베네치아, 스쿠올라 그란데 산 로코. 틴토레토는 순결한 예수의 모습을 하얀색으로 묘사하고 있다.

이 젊은이에게는 뒤집어 씌울 죄가 없었던 것이다. 그런데 유대교 성직자들은 그에게 벌을 줄 것을 강요하고 유대왕 헤롯은 예수를 조롱할 뿐 그 책임을 회피해 버렸다. 그림에는 빌라도의 난감한 표정이 잘 드러나 있다. 그에 비해 당연히 죄없는 예수는 당당하고 순결하다. 틴토레토는 그 순결한 예수의 모습을 하얀색으로 묘사하고 있다. 하지만 언제나 그렇듯이 정의와 순결은 고독하다. 그래서 어둠 속의 수많은 인물들 위에, 자신을 제대로 바라보지도 못하는 빌라도 앞에 선 예수는 한없이 고독하다.

저 예수의 고독에 틴토레토의 외로움이 스며 있다면 지나친 감상일까? 오랜 시간 제대로 인정받지 못했던 화가 틴토레토. 이 스쿠올라 그란데 산 로코는 천방지축에 늘 논란의 대상이라 여겨졌던 그의 고독하고 지난한 삶과 예술 정신이 가득차 있다. 아직도 "매너리즘에 빠졌다"며 비난하고 싶은가? 이곳에서 틴토레토는 그림으로만 묵묵히 대답하고 있다. "나는 사람들에게 오직 진리만을 증거했다."는 예수의 말처럼 말이다.

두칼레 궁전

틴토레토가 남긴 필생의 작업을 뒤로 하고 우리는 다시 산 마르코 광장으로 향했다. 며칠 간 이어지는 강행군이지만 베네치아의 비좁은 골목과 수로와 다리는 여전히 여행자의 마음을 설레게 한다. 더구나 이 골목들 어디쯤엔 우리가 만나고 있는 베네치아 화파 예술가들의 발걸음도 이어졌을 것이라 생각하니 상상만으로도 가슴이 뛴다. 틴토레토도 지금 우리가 걸었던 길을 걸었을까?

스쿠올라 그란데 산 로코의 작업 이후, 예순의 나이에 비로소 베네치아 미술의 주인공으로 떠오른 틴토레토. 드디어 그에게 베네치아 대표 화가로서의 임무가 주어진다. 그 장소는 바로 베네치아의 총독, 즉 도제^{Doge}의 궁전인, '두칼레 궁전^{Palazzo Ducale}'이었다. 지금 우리의 발걸음이 향하는 곳이다.

원래 일정대로라면 우리는 어제 산 자카리아 성당에서 조반니 벨리니를 만난 이후 가벼운 마음으로 두칼레 궁전을 관람할 예정이었다. 그런데 티치아노를 만나기 위해 급작스레 일정을 바꾼 탓에 두칼레 궁전 관람은 오늘로 미루었던 것이다. 지금 생각해 보니 그것은 좋은 선택이었다. 두칼레 궁전은 오늘 우리 여행의 주인공인 틴토레토가 남긴 대작들로 장식되어 있기 때문이다.

697년 주민투표로 처음 도제를 선출한 이후 1797년 나폴레옹에게 함락당할 때까지 중세 이래 가장 오랜 기간 공화정을 유지했던 나라 베네치아. 두칼레 궁전은 도제의 궁전이기도 하지만, 정부 청사였고, 재판소였으며, 무엇보다도 공화국 의회로 1,100년 베네치아의 찬란한 역사를 오롯이 간직하고 있는 기념비적 건물이다.

〈두칼레 궁전〉 베네치아. 도제의 궁전이고, 정부 청사였고, 재판소였으며, 공화국 의회로 1,100년 베네치아의 역사를 오롯이 간직하고 있는 기념비적 건물이다. 바다에서 바라본 모습.

현재의 건물은 대부분 1309년부터 1424년 기간에 걸쳐 지어진 것인데 한 차례의 화재를 겪은 후 16세기에 재건축된 것이다. 직육면체의 외관은 언뜻 단순해 보이지만, 붉은색과 흰색, 검정색 대리석 벽돌들이 마름모꼴 형태의 패턴으로 마감된 외벽은 전체적으로 은은한 분홍빛을 띠고 있어 아름답기 그지 없다. 또한 고딕 양식의 첨탑들과 비잔틴과 이슬람 양식의 기하학적 문양과 아치 등이 곳곳에 배치되어 그 화려함을 더해준다. 동방 무역 국가 베네치아의 개방적 문화는 이 두칼레 궁전의 외관을 통해서도 확인할 수 있다.

궁전의 출입구로는 산 마르코 대성당 쪽의 날개 달린 사자상이 있는 '문서의 문 Porta del Carta'과 바다 쪽의 '곡식(밀)의 문 Porta del Frumento'이 있는데 현재는 '곡식의 문'으로만 입장할 수 있다. 산 마르코 광장 주위의 건물들에 모두 입장할 수 있는 '산 마르코 패스'를 구입한 우리는 매표소 앞에 길게 줄을 선 다른 관광객들을 스쳐 곧장 궁전 안에 입장할 수 있었다. 베네치아를 여행할 때는 각종 패스들을 구입하는 것이 필수다.

〈문서의 문〉 두칼레 궁전의 공식 출입구로 도제들의 출입구이기도 하다.

건물 안으로 들어서자 먼저 르네상스식 회랑과 중앙 정원이 눈에 들어온다. 중정 건너편엔 산 마르코 대성당의 돔들도 보인다. 두칼레 궁전의 중정과 산 마르코 대성당은 시계탑과 '포스카리의 개선문^{Arco Foscari}'을 통해 이어져 있는데, 나란히 서 있는 바로크 양식과 고딕 양식의 화려한 장식 건물들이 보는 이의 눈을 즐겁게 한다. 손에 잡힐 듯 가깝게 보이는 조각상들과 화려한 첨탑들도 귀물스럽다. 포스카리의 개선문 바로 옆에는 마르스와 넵튠이 지키고 있는 '거인의 계단^{Scala dei Giganti}'이 있는데 도제가 공식 행사 때 출입하던 곳이다. 우리는 중정의 회랑을 한 바퀴 돌아보고는 곧바로 2층으로 올라갔다.

〈시계탑과 포스카리의 개선문〉 이 두 건물을 통해 두칼레 궁전과 산 마르코 대성당이 이어진다.

두칼레 궁전의 실내는 온통 베네치아 공화국의 영광과 자부심으로 치장되어 있다. 눈부신 황금빛 천장의 계단을 오르면 들어가는 방마다 지나는 복도마다 도제들의 초상화, 베네치아의 역사 기록화, 알레고리화, 성화들로 가득하다.

가장 먼저 우리의 발길이 멈춘 곳은 2개의 거대한 지구본과 수많은 지도들로 가득한 '방패의 방Sala dello Scudo' 이었다. 무역국가답게 지중해와 소아시아, 아라비아, 중앙 아시아의 지도들 하나하나가 섬세하다. 그중 우리의 눈길을 사로 잡은 것은 마르코 폴로의 여행 루트를 담은 지도다. 특이하게 남북이 뒤바뀐 형태의 이 지도에는 중국과 인도를 비롯한 동아시아 각 지역이 비교적 상세하게 표시되어 있다. 그런데 'Giapan'이라 표시된 일본은 보이는데, 아무리 눈을 씻고 찾아봐도 당시의 우리나라, 즉 '고려'는 보이지 않는다. 갑자기 씁쓸함이 밀려와 그냥 방에서 나오고 말았다.

〈동아시아 지도〉 두칼레 궁전. 방패의 방에는 거대한 지구본과 수많은 지도들이 전시되어 있다. 마르코 폴로의 루트를 담은 지도.

〈성 마르코의 사자〉 비토레 카르파치오. 베네치아. 두칼레 궁전. 베네치아의 수호성인. 성 마르코를 상징하는 사자로 베네치아의 영광을 상징하는 그림이다.

그런데 눈에 띄는 그림이 하나 나타난다. 그것은 비토레 카르파치오가 그린 '성 마르코의 사자' 다. 날개 달린 사자가 화면 한 가운데 커다랗게 떡 버티고 서 있는 이 그림은 베네치아의 영광을 상징하는 그림이다. 베네치아의 수호성인, 성 마르코를 상징하는 사자는 바다와 육지 모두에 발을 디디고 서 있다. 그리고 그 뒤로는 두칼레 궁전과 산 마르코 대성당, 대종루가 보인다. 오른쪽 바다에는 무역국가 베네치아의 정체성이라 할 수 있는 갤리선 선단이 보인다. 그림 한 폭에 지중해의 육지와 바다를 모두 지배했던 베네치아의 영광을 표현한 것이다. 그것은 이곳 두칼레 궁전의 성격을 단적으로 보여주는 그림인 것이다. 이제 본격적으로 베네치아 화파의 그림들을 만날 차례다.

우리는 위층에서부터 차례차례 내려올 작정으로 우선 '원로원 회의실$^{\text{Sala del Sena-}}$ ^{to}' 이 있는 3층으로 향했다. 이곳에서는 틴토레토의 작품, '예수의 죽음과 도제들의 경배'와 천장화 '베네치아의 선물'을 만날 수 있다.

〈예수의 죽음과 도제들의 경배〉 틴토레토. 베네치아. 두칼레 궁전. 지극히 틴토레토답게 묘사된 예수의 죽음 좌우에 두 명의 도제가 그려져 그려져 있다.

예수의 죽음에 두 명의 도제doge 총독가 경배를 올리는 모습은 언뜻 어울리지 않는 조합처럼 보인다. 지극히 틴토레토답게 묘사된 예수의 죽음 좌우에 엄숙하게 앉아 있는 두 도제의 모습은 솔직히 어색한 구도다. 하지만 어쩌겠는가? 틴토레토는 이제 베네치아의 공식 화가. 두칼레 궁전이라는 공공 장소를 장식하는 그림이니만큼 이 정도의 어색함은 봐줄만 하다. 더구나 성화에 주문자를 함께 그려넣는 것은 지오토의 스크로베니 예배당 프레스코에서 본 것처럼 오래된 관습이다. 그런 점에서 알레고리화 '베네치아의 선물'도 틴토레토 특유의 극적이면서도 실험적인 구도보다는 장식적인 성격만 강조되었다는 느낌을 지울 수 없다.

그러고 보니 두칼레 궁전에 있는 그림들 대부분이 공공성과 장식적인 성격이 강한 것 같다. 거기다가 역사 기록의 성격까지 더해졌으니 화가들 특유의 개성이나 혁신적 기법을 찾기 어려운 것은 당연한 일이다. 어쩔 수 없이 우리는 타협하기로 했다. 이 두칼레 궁전에서는 한 작품 한 작품 모두 정성을 들여 집중하기보다는 딱 이 장소만큼만 보기로 한 것이다. 그렇게 마음을 먹고 나니 오히려 기분이 편해졌다. 느긋한 기분으로 다른 그림들은 제목과 작가 정도만 확인하고 넘어갔다. 원로원 회의실 주변의 다른 방들에서 만난 티치아노의 그림과 베로네세의 장식적인 그림들도 조금은 편한 마음으로 지나갔다.

〈마르스를 저지하는 미네르바〉 틴토레토. 베네치아, 두칼레 궁전.

〈에우로페의 강탈〉 베로네세. 베네치아, 두칼레 궁전. Wikimedia Commons

그런데 외교 사절이나 상인 대표들이 대기하는 작은 방^{Sala dell'Anticollegio}에 있는, 그리스 로마 신화의 내용들을 묘사한 틴토레토와 베로네세의 그림들엔 제법 눈길이 간다. 비록 장식적인 성격이 강한 그림들이긴 하지만 '마르스를 저지하는 미네르바'와 '머큐리와 그레이스'에서는 틴토레토 특유의 과감한 터치가, '에우로페의 강탈'에서는 베로네세의 화려하고 우아한 색감이 두드러진다.

이어 우리는 2층으로 내려왔다. 그리고 곧바로 두칼레 궁전의 가장 핵심적인 공간인 '대의원 회의실^{Sala del Maggior Consiglio}'로 향했다. 그런데 우리는 이 대의원 회의실에 들어서는 순간 입을 다물 수가 없었다. 그것은 엄청난 크기 때문이었다.

비록 한계는 있었지만 나름 민주적 절차를 중시했던 베네치아 공화국. 12세기 말부터 시작된 대의원 회의는 13세기부터는 300~500명, 이후에는 900~1,200명의 의원들이 모여 투표를 통해 의사를 결정했던 베네치아의 최고 의결 기관이다. 이 방은 바로 그 회의가 열렸던 곳이다. 1,000명이 넘는 사람들을 수용할 수 있는 공간이라 하는데, 실제로는 그보다 훨씬 더 크게 느껴진다. 외부에서 두칼레 궁전을 보았을 때는 이처럼 넓은 방이 있을 것이라고는 상상도 못했다. 방의 크기에서부터 베네치아인들의 자부심이 느껴진다.

그리고 그 자부심을 빛내주는 그림이 한 편 있으니 그것은 바로 틴토레토와 그의 아들이 함께 그린 '천국'이다. 가로폭만 22미터에 달하는 이 그림은 현존하는 세계 최대의 유화 작품이다. 어마어마한 크기도 그렇지만 예수와 성모 마리아를 중심으로 한 명 한 명 다르게 묘사된 700명의 성자들과 천사들도 그저 놀라울 뿐이다.

사실 이 그림 역시 미학적 성과는 그리 대단하지 않다. 하지만 이 그림에는 미학적 성과보다 더 중요한 가치가 숨어 있다. 그것은 이 그림이 의회에 걸려 있기 때문에 갖게 되는 가치이다. 700명의 등장인물들은 사실 공화국을 구성하고 있는 베네치아인들 한 명 한 명인 것이다. 그리고 그들이 만들어낸 공화국 베네치아가 이 그림의

〈대의원 회의실〉 900~1,200명의 의원들이 모여 투표를 통해 의사를 결정했던 베네치아의 최고 의결 기관이다.

제목처럼 '천국'이라는 자부심이다. 왕이라는 절대권력 없이, 민주적 공화정으로 최고의 도시를 일구었던 베네치아인들. 그래서 이 그림은 베네치아인들에게 미켈란젤로의 '최후의 심판'보다도, 피렌체 두오모의 쿠폴라보다도 아름답게 여겨졌다고 한다. 미학적 성취를 뛰어넘는 공화국 정신의 승리인 셈이다. 물론 그것은 베네치아인들에게만 적용되는 승리일 뿐, 감상자들은 각자의 느낌으로 받아들이면 될 것이다.

여기서 중요한 것은 이 그림의 작가가 틴토레토란 사실이다. 1,100년 공화국의 가장 핵심적인 공간을 틴토레토의 그림이 장식하고 있는 것이다. 회화의 군주 티치아노도 아니고, 귀족들의 사랑을 받은 베로네세도 아니고, 베네치아 화파의 아버지 조반니 벨리니도 아닌, 말썽꾼 틴토레토 말이다. 손가락질 당하고 외면받았던 미운 오리 새끼는 이제 정말 베네치아의 백조가 된 것이다.

〈천국〉 틴토레토 부자. 베네치아. 두칼레 궁전. 현존하는 세계 최대의 유화 작품이다.

우리는 그런 틴토레토의 '천국'을 한참이나 바라보았다. 이후에도 자코포 팔마의 '최후의 심판'과 안드레아 미치엘리의 '레판토 해전', 도메니코 틴토레토(틴토레토의 아들)의 '푼타 살보레의 승리' 같은 역사화와 베로네세의 '베네치아의 찬미' 등 몇몇 작품들이 눈길을 끌었지만 공공미술의 정점인 '천국'을 보고 나니 조금은 심심한 느낌이다. 그러고 보니 이상한 방향을 비추고 있는 조명들도, 한꺼번에 밀려온 단체 관광객들도 작품 감상을 방해

〈베네치아의 찬미〉 베로네세. 베네치아, 두칼레 궁전. Wikimedia Commons

한다. 이제 두칼레 궁전에서의 그림 감상은 끝내야 될 것 같다. 그리고 두칼레 궁전의 가장 어두운 곳, 아니 베네치아의 가장 어두운 곳으로 걸음을 옮겨야 될 것 같다.

대의원 회의실에서 나온 우리는 곧장 '탄식의 다리$^{Ponte\ dei\ Sospiri}$'로 향했다. 두칼레 궁전과 수로 건너편 감옥을 연결하는 이 다리는 죄수들이 칠흑같은 감옥으로 들어가기 전, 마지막으로 햇빛과 바깥 풍경을 볼 수 있던 곳이다. 희대의 바람둥이 카사노바도 신성모독죄를 선고받고 이 다리를 건넜다고 하는데, 다리를 건넌 죄수들 상당수는 감옥에서 죽음을 맞이했거나 사형이 집행될 때까지 갇혀 있었다고 한다.

〈탄식의 다리 (내부)〉

　다리 가운데 서 보니 좁은 철창 너머로 바다와 산 조르조 마조레 성당이 보인다. 죄수 아닌 그 누구라도 정말 탄식이 나올 것 같은 풍경이다. 민주적 공화정에, 경제적 부를 바탕으로 스스로 천국 같다고 자부한 나라였지만 그만큼 그늘도 많았던 나라, 베네치아. 탄식의 다리에서 창밖을 바라보니, 오늘 이 눈부신 베네치아의 아름다움도 여전히 수많은 '탄식의 다리' 와 함께 하고 있는 것은 아닌지, 그리고 그것이 베네치아만의 문제인지 의문이 생긴다.

　탄식의 다리를 끝으로 우리는 두칼레 궁전에서 나왔다. 틴토레토를 따라 여기까지 왔는데 틴토레토의 미술 말고도 몇 가지 의문을 새로 떠안은 기분이다. 그래서일까? 맑았던 하늘이 어느새 잔뜩 찌푸리고 있다. 눈발도 조금씩 흩날린다. 우리는 서둘러 바포레토에 올라 저 멀리 바다 건너 '산 조르조 마조레 성당' 으로 향한다. 다시 정신을 차리고 틴토레토의 마지막 여정을 만날 차례다.

〈탄식의 다리 (외부)〉 두칼레 궁전과 수로 건너편 감옥을 연결하는 다리로 죄수들이 감옥으로 들어가기 전 마지막으로 햇빛을 볼 수 있던 곳이다.

산 조르조 마조레 성당

산 자카리아 정류장에서 바포레토로 한 코스, 바다 건너 산 조르조 섬에 발을 딛는다. 대종루 위에서도 내려다 봤고, 두칼레 궁전 앞 곤돌라 계류장 너머에 있어 이미 눈에 익은 조그만 섬이다. 이곳은 982년 베네딕트회 조반니 모로시니^{Giovanni Morosini}의 지휘 하에 수도사들이 이 섬에 자리를 잡으면서 이탈리아에 있는 베네딕트 수도회의 중심이 됐다고 한다.

지금은 파리 루브르 박물관에 전시돼 있는 베로네세의 걸작인 '가나의 혼인잔치'가 원래는 이곳의 산 조르조 마조레 수도원 식당에 걸려있었다고 하는데, 나폴레옹이 1787년 이탈리아 정복 중에 전리품으로 가져갔다는 이야기는 유명하다. 게

다가 가로 폭이 10m에 세로 높이가 7m에 이르는 큰 그림이라 한 번에 옮길 수 없게
되자, 그림을 반으로 잘라 가져간 것이 탄식 섞인 이야기로 더 크게 회자되고 있다.

〈산 조르조 마조레 성당〉 두칼레 궁전 앞에 서면 늘 눈에 띄는 작은 섬 위의 성당이다.

산 조르조 선착장에 내리자, 틴토레토의 마지막 작품이 걸려 있는 '산 조르조 마
조레 성당 Chiesa di San Giorgio Maggiore' 이 마치 무대를 세워놓은 것처럼 반듯하고 간결
한 모습으로 우리를 맞는다. 바다 건너에서 볼 때보다 더 완벽한 비율, 차분한 아름
다움이 느껴진다. 팔라디오 Andrea Palladio 1508~1580가 설계해 1566년에 짓기 시작했
는데, 팔라디오가 죽은 뒤에야 건물이 완성되었다고 한다.

성당 안은 정면에서 받은 느낌 보다 더 밝고 단아하다. 전체적으로 장식이 과하지
않은 흰 기둥과 천장 때문에 더 그렇게 보이는 듯 했다. 그리고 성당 안은 그 절제된
아름다움에 딱 어울릴 만큼 고요했다. 그동안 산 마르코 광장을 비롯해 베네치아 골
목골목을 수많은 관광객들 속에서 북적이며 돌아다니다 와서 그런지, 그 고요함이

우리에게 주어진 선물 같았다. 성당 안에서는 원래 그래야 하겠지만, 우리는 뭐라 할 사람도 없는데 서로 낮은 귓속말로 서로의 느낌을 나누고 있었다. 하지만 성당의 느낌 따라 발걸음마저 고요하고 느릴 수는 없었다.

우리는 틴토레토의 그림이 있는 제단 쪽을 향해 빠른 걸음을 옮겼다. 오른쪽엔 '최후의 만찬'이, 왼쪽에는 '사막의 유대인들'이 있다. 모두 1592년에서 1594년 사이에 그려진 틴토레토의 그림인데 두 작품 모두 성체에 대한 믿음이란 아주 독특한 주제를 표현하고 있다.

〈사막의 유대인들〉 틴토레토, 베네치아, 산 조르조 마조레 성당. 성찬식을 예고하는 그림으로 해석된다. '만나의 수확'이란 제목으로도 알려져 있다.

먼저 제단 왼쪽 '사막의 유대인들'은 성찬식을 예고하는 그림으로 해석된다. '만나의 수확'이란 제목으로도 알려져 있는데, 우리는 그림을 보면서 어느 이탈리아 회화 자료에서 본 '만나를 거부하는 유대인들' 이란 설명에 오히려 더 동의하게 됐다.

만나^{manna}는 모세를 앞세워 이집트를 탈출한 이스라엘 민족이 40년 간 광야를 떠돌 때, 신이 내려주었다는 신비로운 양식이다. 그러나 그림을 보면 바닥에 하얗게 만나가 떨어져 있지만 사람들은 만나를 줍기는커녕 바닥에 누워 각자의 일에만 몰두하고 있는 무관심한 모습이다. 사람들의 표정과 움직임을 봐도 수확의 기쁨보다는 그저 감동없는 나른함으로 느껴진다. 성경을 보면 이스라엘 사람들은 광야의 쓴물이 단물로 바뀌어도, 만나와 메추라기로 그들의 배를 채워도 불평이 끊이지 않았다고 한다. 그런데 틴토레토는 그 불평을 그려놓진 않았다. 틴토레토는 모세를 비롯한 인물 대부분의 머리 위로 은은한 빛을 뿌려놓아 만나가 얼마나 큰 축복인지를 알아채라 말한다. 무관심과 불신을 바꾸어 보라 말하는 듯하다. 만나는 곧 하늘의 음식, 신의 몸, 이를 통해 앞으로 성찬례를 올릴 것이라는 예견처럼 보인다.

맞은편 '최후의 만찬'은 예고된 최초의 성찬 전례를 그렸다. 사선으로 가로지르는 구도가 놀랍다는 건 뒤로 잠시 물려두고, 주제에 먼저 집중해 본다. 틴토레토의 최후의 만찬은 다른 화가들의 작품과 달리 전통적인 '배신 예고' 순간이 아니다. 예수가 손으로 빵을 뜯어 사도들과 나누고 있는 성찬 의식의 순간이다. 종교개혁 이후 가톨릭의 입장에서 더욱 중요해진 성체 성사의 주제를 강조한 것으로 보이는데, 신앙이 독실했던 틴토레토는 가톨릭 미사의 성찬 전례 때 빵과 포도주가 예수의 거룩한 몸과 피로 변화된다는 신앙의 신비$^{실체변화,\ 實體變化,\ transsubstantiatio}$를 의심 없이 믿으라 말한다.

틴토레토가 죽기 몇 달 전 완성된 이 그림엔 그의 믿음만 그려진 것이 아니다. 화폭을 대각선으로 가르며 단숨에 깊은 공간감을 보여주는 구도, 젊은 시절 틴토레토의 폭풍 같은 성미를 닮은 거칠고 빠른 터치가 아니라 노년의 깊은 명상이 담긴 듯한 색감과 터치. 베네치아 화가로서 그의 모든 것이 그려진 듯했다. 아! 그런데 아쉬웠다. 그 모든 걸 보고 느끼기에 그림이 너무 어두웠다. 틴토레토의 그림 자체도 한눈에 보기에 어두웠지만, 눈이 내리다 그치다를 반복하는 흐린 날씨 때문에 자연 조명도 열악했다. 그야말로 동전 하나가 필요한 시간. 우리는 그림 아래에 위치한 기부함에 동전을 넣고 환하게 불을 밝혔다.

〈최후의 만찬〉 틴토레토, 베네치아, 산 조르조 마조레 성당. 틴토레토 최후의 그림으로 당황스러울 정도로 독특한 구도의 최후의 만찬이다.

대각선으로 놓여있는 긴 식탁은 당황스러울 정도로 독특했다. 이 구도는 원근법을 통해 공간을 팽창시키는 역할을 한다. 과장된 듯 보이는 원근감으로 인해 예수를 중심에 둔 공간은 단숨에 깊이가 느껴지고 인물들은 생동감이 넘친다. 틴토레토는 그림이 놓일 위치를 염두에 두고 식탁을 그렸다고 한다. 사람들은 이 그림을 오른편 앞쪽에 두고 보게 될 것이었다. 그 위치에서는 대각선 구도의 식탁이 정면으로 향한 것처럼 보이는 효과를 내게 된다는 것이다. 우리도 이리저리 자리를 옮겨가며 그림을 보았다.

틴토레토는 생애 중 최후의 만찬을 여러 번 그렸다는데, 우리는 이 그림을 보며 최후의 만찬이 아닌 그의 다른 그림 하나를 떠올렸다. 산타 마리아 델라 살루테 성당에 있던 '가나의 혼인잔치'. 최후의 그림을 그리기 30여 년 전, 이미 만찬의 식탁을 깊이감 있게 표현하고 예수를 다른 인물에 비해 작게 그리면서도 집중하게 만들었던 그의 솜씨가 떠올랐다. 티치아노의 그늘에 가려 늘 2인자 취급을 받고 그림이 아닌 성격을 지적당하며 야박하게 능력을 평가받았던 틴토레토. 우리 눈 앞에 펼쳐진 그의 마지막 그림은 30여 년 간, 그런 평가 속에서 그가 얼마나 노력하고 발전했으며 혁신했는지가 한눈에 보여 가슴 뭉클했다.

틴토레토는 '최후의 만찬'을 수평의 준비된 식탁에 앉은 사도들이 각자의 포즈를 취하는 가운데 벌어지는 특별한 행위이거나, 호화스런 귀족의 잔치처럼 대중과 동떨어진 거창한 행사로 그리지 않았다. 배경이 된 공간은 16세기 베네치아의 선술집을 떠올리게 하는 소박한 식당이다. 게다가 작품의 주인공인 예수와 사도들은 테이블 뒤쪽으로 밀려나 있고 음식을 나르는 여인과 시종이 전면에 크게 배치돼 있다. 그림 오른편에 서서 보면, 마치 우리도 최후의 만찬이 벌어지는 그 식당 한 쪽에 자리한 것처럼 느껴지기도 한다. 북적북적 웅성웅성 정말 기독교 의식에서 가장 중요한 성찬 전례가 이렇게 서민적이고 현실적이어도 되나 싶다.

그런데 신기하게도 그 현실적인 북적임 속에 숙연하고 경건한 느낌이 든다. 그리고 그림을 보는 내내 의도하지 않아도 시선은 자꾸만 예수의 신비로운 빛으로 향한다. 다른 인물들에 비해 작게 그려졌지만 화폭의 중앙에 위치한 예수의 후광이 세상의 모든 어둠 속 한 줄기 빛이라는 듯 유난히 밝게 빛난다. 그리고 어둡다는 것에만 신경을 쓰고 있어 보지 못했던 천장의 횃불로도 시선이 옮겨진다. 횃불에서 나오는 연기가 날개 달린 천사로 변모하여 예수를 호위하는 듯한 움직임을 보인다. 햇불 아래 식당의 현실적 부대낌과는 달리 초자연적이고 환상적인 분위기다. 종교적인 신비로움과 일상, 기적과 현실의 혼합. 틴토레토가 그린 최후의 그림, '최후의 만찬'은 그랬다.

우리는 틴토레토가 그려낸 기적 같은 현실 앞에서 언제까지고 서 있을 수 있을 것만 같았다. 그런데 '탁' 소리와 함께 한순간 눈앞에 어둠이 내렸다. 기부한 하나의 동전만큼의 시간이 흐르고 그림을 밝혔던 조명이 꺼져버린 것이다. 순간 가슴이 덜컹 내려앉는 느낌이었다. 이 그림을 끝내고 몇 달 뒤, 틴토레토에게 켜져 있던 삶의 조명도 이렇게 갑자기 꺼져 버렸을까?

우리는 엘리베이터를 타고 산 조르조 마조레 성당의 종탑에 올랐다. 엘리베이터

〈베네치아의 바다〉 산 조르조 마조레 성당 종탑에서 바라보는 바다는 이렇게 부드러운 곡선 안에 조용히 내려앉은 느낌이다.

를 타기 위해선 비용이 들지만 틴토레토의 그림보다 종탑에서 보는 전망이 더 유명하다 할 정도로 이곳에서 보는 베네치아 풍경은 멋지다. 이미 높이가 100미터에 이르는 대종루에 올라 베네치아의 스카이라인은 다 훑어봤다 싶지만, 이곳에선 우리에게 또 다른 풍경을 선물한다. 대종루가 베네치아를 높은 곳에서 한번 내려다보라 했다면, 산 조르조 마조레 성당의 종탑은 우리에게 베네치아를 좀 멀리서 보라 말한다.

멀리 보이는 두칼레 궁전과 대종루, 산 마르코 성당의 색감이 겨울의 공기를 따스하게 감싸 안는다. 뾰족한 지붕도, 화려함을 뽐내던 건물들도, 북적대던 사람들도 대운하가 그려내는 부드러운 곡선 안에 조용히 내려앉은 느낌이다. 몸을 돌려 보면 베니스 영화제가 열리는 리도 ^{Lido} 섬과 성당의 둥근 지붕들이 앙증맞게 자리한 쥬데카 ^{Giudecca} 섬이 절박함이 만든 아름다움이 얼마나 빛나는지 보라며 속삭인다. 공기며 색깔이며 부드러운 선들이며 소음이 되지 않는 소리들이며 겨울임에도 반짝이는 빛들. 우리는 이 모든 것들이 '바다'란 주인공 덕분이란 걸 금세 깨닫는다.

세상 단 하나의 풍경을 만들어내고 있는 '바다의 도시' 곳곳을 마음에 담는 사이 손과 코가 빨개졌다. 눈바람이 불어오는 겨울 종탑 위가 얼마나 추운지 30분이 넘도록 몰랐다는 게 신기했다. 그런데 더 신기한 건, 온 몸이 시린데도 따끈한 국밥 한 그릇 먹은 것처럼 속이 뜨끈했다는 거다. 어둡기만 하던 틴토레토의 '최후의 만찬'에서 강렬한 예수의 빛을 처음 발견했을 때처럼 말이다.

우리는 얘기했다. 틴토레토의 삶은 '탁' 하고 꺼진 조명처럼 무심히 꺼지진 않았을 거라고. 그가 마지막 붓 끝으로 남긴 신앙의 신비로움이 그를 감싸고, 그의 그림에서처럼 겸손과 평등의 움직임 속에 예수의 빛을 보았으리라. 그리고 어둠의 끝, 삶의 끝을 향해 조용히 걸어갔겠지. 산 조르조 섬을 떠나며 우린 그냥 그런 환상을 믿어버리기로 했다.

코레르 박물관, 카르파치오의 발견

산 조르조 마조레 성당을 뒤로 하고 다시 바포레토에 올라 싸락눈 내리는 베네치아의 바다를 건넌다. 출렁이는 바다에서 바라보는 산 마르코 광장과 산타 마리아 살루테 성당은 언제나 가슴까지 출렁이게 만든다. 지금이야 육지와 연결되는 자유의 다리를 통해 기차나 자동차를 타고 쉽게 올 수 있지만 150년 전만 해도 베네치아는 배를 타야만 올 수 있는 곳이었다.

〈베네치아 두칼레 궁전과 대종루〉 카날레토, 뮌헨 알테미술관. Wikimedia Commons. 18세기 그림인데 오늘 우리가 만나는 베네치아 풍경과 크게 다르지 않다는 것을 알 수 있다.

베네치아, 특히 운하 주변의 풍경을 많이 그려 18세기 베네치아 국민화가라 불렸던 카날레토나 영국의 풍경화가 윌리엄 터너의 그림들을 보면, 그 시절의 베네치아와 오늘날의 베네치아가 그리 다르지 않다는 것을 알 수 있다. 그것은 도로를 질주하는 자동차가 없기 때문이다. 자동차와 도로란 늘 속도를 지향하기 마련이고, 그 속도를 위해서는 기존의 것들을 허물어야 한다. 끊임없이 풍경이 바뀔 수밖에 없는 교통 시스템이다. 하지만 조류의 흐름을 그대로 살린 바다 위의 도시 베네치아는 애초에 그런 시스템을 도입할 수 없는 구조였다. 세월이 흐르면서 엔진을 장착한 배들로 부족한 속도를 극복하고, 자유의 다리를 통해 육지와도 연결했지만 딱 거기까지였다. 베네치아의 거리와 건물들은 큰 변화를 겪지 않았다.

따라서 지금 우리가 바라보고 있는 베네치아의 풍경은 150년 전 사람들이 보았던 것과 거의 같은 풍경이다. 괴테와 바이런과 토마스 만이 만났던 베네치아가 지금 우리 눈앞에도 펼쳐져 있는 것이다. 흔들흔들 곤돌라를 타고 바라보면 그 감동이 더해지겠지만 바포레토에서 바라보는 베네치아의 풍경도 여행자의 상상을 자극하기에 충분하다.

다시 산 마르코 광장으로 돌아온 우리는 잠시 고민에 빠졌다. 오늘 하루 틴토레토를 중심으로 마련한 일정은 산 조르조 마조레 성당으로 끝났다. 그런데 두칼레 궁전 관람이 예상보다 짧아진 덕분에 시간이 제법 남은 것이다.

우리는 우선 그간의 여행도 정리하고 휴식도 할 겸, 유서 깊은 카페 플로리안으로 향했다. 그런데 예쁘게 차려 입은 신랑 신부의 웨딩 촬영이 한창이다. 거의 모델 수준인 신부의 눈부신 미모에 넋을 잃고 잠시 구경하긴 했지만 막상 카페에 앉아 시간을 보내려니 웨딩 촬영에, 몰려온 단체 관광객들까지 정신이 하나도 없을 것 같다. 다시 발걸음을 옮겨 눈발 날리는 산 마르코 광장을 가로질러 '나폴레옹의 날개'로 불리는 광장의 서쪽 끝 건물로 향했다. 오늘의 마지막 일정은 '코레르 박물관^{Museo} Correr' 이다.

〈산 마르코 광장에 내리는 눈〉 코레르 박물관으로 향하는 길. 산 마르코 광장에 진눈깨비가 내린다.

산 마르코 대성당의 맞은편에 위치한 이 코레르 박물관은 나폴레옹이 베네치아를 점령하고 나서 거주지로 이용했던 곳이다. 지금은 2, 3층을 박물관과 미술관으로 꾸며놓았는데 2층에는 베네치아인들의 삶과 문화를 엿볼 수 있는 희귀 필사본과 고서적들을 비롯한 인쇄물들, 항해 도구, 동전 등을 전시해 놓았다. 하지만 갑작스럽게 찾아온 탓에 정보도 부족하고 관심도도 떨어져서 우리는 빠른 걸음으로 3층으로 향했다.

코레르 박물관의 3층은 회화실로 꾸며져 있는데 이탈리아의 여느 미술관과 마찬가지로 중세부터 연대순으로 작품들이 배치되어 있다. 하지만 역시 준비가 부족했던 탓에 큰 관심을 끄는 작품이 별로 없다. 그래도 조반니 벨리니의 초기 작품인 '십자가에 못박힌 예수'와 '죽은 예수', 플랑드르 풍속화 가문인 브뤼헬 일가의 피테르 브뤼헬 2세가 그린 '동방박사의 경배', 독일 르네상스 회화의 시초라 할 수 있는 알브레히트 뒤러의 목판화 '용과 싸우는 미카엘 천사' 정도는 놓칠 수 없는 작품들이다.

코레르 박물관에서 반드시 만나야 할 작가는 비토레 카르파치오^{Vittore Carpaccio} ^{1465?~1526?}다. 벨리니 형제의 제자인 카르파치오는 잘 알려지지 않았다가 근래에 재조명된, 초기 베네치아 화파의 대표 작가 중 한 명이다. 이곳 코레르 박물관에는 그의 대표작이자, 베네치아를 상징하는 그림 한 편이 있는데 바로 '베네치아의 두 여인' 이다.

〈베네치아의 두 여인〉 비토레 카르파치오. 베네치아, 코레르 박물관. 오랜 시간 두 여인의 정체에 대해 논란이 많았던 그림이다.

화려한 옷차림을 한 두 명의 귀부인들. 강아지들이랑 놀아주고 있지만 더위에 지친 그녀들의 표정에는 지루함이 역력하다. 도대체 이 두 여인의 정체는 무엇일까? 그녀들은 무엇을 바라보고 있는 것일까? 오랜 시간 이 여인들의 정체에 대해 여러 논란이 있었는데 조금은 노출이 심한 옷차림 때문에 고급 매춘부로 오해받기도 했다. 하지만 근래에 이 그림이 '석호에서의 사냥'이란 작품의 일부로 밝혀져 논란이 일단락되었다. 원래는 그녀들의 위쪽으로 베네치아의 석호에서 사냥하고 있는 남편들의 모습이 담겨 있었다는 것이다. 그런데 한 상인이 돈 벌 욕심으로 그림을 잘라서 팔아버렸다고 한다. 결국 그녀들은 남편의 사냥에 따라나섰다가 지쳐버린 귀부인들이었던 것이다. 잘려진 그림의 윗부분은 지금 미국 로스앤젤레스의 '폴 게티 박물관'에 있다고 하니 그녀들의 지루한 기다림은 앞으로도 오랜 기간 끝나지 않을 것 같다.

우리가 이 작품에 주목한 것은 이 그림이 풍속화이기 때문이다. 15, 6세기의 인물화는 성화가 아니라면 당연히 초상화이기 마련이다. 그런데 이 그림은 아예 평범한 베네치아인들을 주인공으로 내세웠다. 그것도 그다지 아름답다고 할 수 없는 중년의 여인들 말이다. 카르파치오가 왜 이들을 주인공으로 그림을 그렸는지는 알려진 바가 거의 없다. 하지만 이 평범한 여인들은, 프라리 성당의 티치아노의 성모 마리아와 더불어 오랜 세월 베네치아를 대표하는 여인들로 인식되었다. 성스러운 성모와 평범한 두 여인들, 이 역설적인 대표성 역시 다양성을 중시하는 베네치아인들의 문화적 전통에 기인한 것이라 할 수 있다.

〈빨간 베레모를 쓴 젊은이의 초상화〉 비토레 카르파치오?, 베네치아, 코레르 박물관. 이 정체를 알
수 없는 평범한 인물이 오랜 시간 베네치아를 대표하는 인물상이었다.

그런 점에서 가까운 곳에 있는, '빨간 베레모를 쓴 젊은이의 초상화' 역시 주목할
만한 작품이다. 이 그림은 작가가 누군지 정확히 알 수 없는데, 그 구성이나 인물 묘
사 방식을 통해 조심스럽게 카르파치오의 작품이라 인정되는 작품이다.

제목 그대로 빨간 베레모를 쓴, 짙은 쌍꺼풀의 이 사내 역시 그 정체를 알 수 없다.
붉은 모자와 붉은 옷차림은 그의 사회적 지위가 제법 높았음을 나타낸다. 하지만 앙
다문 입술과 슬며시 미소를 띤 그의 얼굴에서는 신성함은 물론 그 어떤 권위도 잘 느
껴지지 않는다. 그냥 평범해 보이는 인물이다.

벨리니로부터 시작된 베네치아 화파의 초상화는 티치아노에 이르러 전성기를 맞
게 된다. 그런데 이 초상화는 그런 흐름에서 살짝 벗어나 있는 느낌이다. 그러면서
도 이 사내는 앞서 만난 '베네치아의 두 여인'처럼 베네치아를 대표하는 인물상으

로 인정받고 있다. 그에게는 부나 권위가 아닌 평범한 베네치아인의 얼굴이 느껴지기 때문일 것이다. 그것은 또 다른 의미에서의 리얼리즘이다.

'빨간 베레모를 쓴 젊은이의 초상화'를 끝으로 우리는 코레르 박물관에서 나왔다. 준비 없는 여정이라 내용은 역시 부실할 수밖에 없었다. 하지만 기대하지 않은 곳에서의 우연한 만남 또한 여행이 주는 소소한 즐거움이다. 카르파치오의 그림과 젊은이의 초상은 코레르 박물관이 전해준 소소한 즐거움이었다.

베네치아의 밤, 눈발은 이미 그쳤고 어느새 어둠을 머금은 안개가 산 마르코 광장을 점령하고 있다. 틴토레토로 하루를 보낸 우리 눈 앞에 베네치아는 틴토레토의 그림 같은 밤 풍경을 보여준다. 이 어둠 속 풍경은 틴토레토에 이어 바로크라는 양식으로 온 유럽을 사로잡은 카라바조나 렘브란트의 그림과도 닮았다. 밤과 안개와 희미한 불빛 속을 걷는 우리 앞으로 때마침 술에 취한 노신사 한 분이 중절모를 쓰고 지팡이를 짚은 채 느릿느릿 다가온다. 그도 우리도 틴토레토와 카라바조와 렘브란트의 그림 속을 걷는 것 같다.

〈베네치아의 밤 안개〉 그도 우리도 틴토레토와 카라바조와 렘브란트의 그림 속을 걷는 것 같다.

이탈리아 미술의 짧은 연대기

서양 미술사, 그중에서도 르네상스라는 근대 미술의 근간을 일구어낸 이탈리아 미술에서 베네치아가 차지하는 위상은 어디쯤일까? 미술을 중심으로 떠나온 베네치아 여행이니까 이탈리아 미술의 전반적인 흐름을 살펴보는 것도 의미있는 일일 것 같다. 여기에서는 중세 이후부터 바로크의 탄생까지 이탈리아 미술사의 흐름을 짧은 연대기 형식으로 살펴보자.

1200년 경. 모자이크와 스테인드글라스와 필사본의 세밀화에서 '고딕 회화'가 시작되다.

1300년 경. 지오토 Giotto di Bondone 1267?~1337, 아시시 산 프란체스코 성당에서 '성 프란체스코의 일생' 연작 프레스코를 그리다. 비슷한 시기 '시에나 화파'의 시모네 마르티니 Simone Martini 1284-1344가 아비뇽의 교황청에서 궁정 취향의 장식적인 회화 '국제 고딕 양식'을 확립하다.

《수태고지》 시모네 마르티니, 피렌체, 우피치 미술관.

1304년~1306년. 지오토, 파도바 스크로베니 소성당에 프레스코 연작을 그리다. 이후 이탈리아 프레스코화의 전통이 확립됨.

1376년~1378년. 지오토와 교류했던 주스토 데 메나부오이 Giusto De Menabuoi 1320?~1391?, 파도바 두오모 세례당에 지오토의 화풍을 발전시킨 프레스코 연작을 그리다.

1401년~1402년. 기베르티 Lorenzo Ghiberti 1378-1455와 브루넬레스키, 피렌체의 산 조반니 세례당 청동문 제작 경쟁을 벌이다. 기베르티가 승리하고 브루넬레스키 Filippo Brunelleschi 1377-1446는 로마로 건축 연구 여행을 떠남. 이 사건을 흔히 르네상스의 시작으로 본다.

1420년~1436년. 브루넬레스키, 피렌체 산타 마리아 델 피오레 대성당(두오모)의 쿠폴라를 완성하다.

1424년~1427년. 마사초 Masaccio 1401-1428, 피렌체의 산타 마리아 노벨라 성당과 브랑카치 소성당에 브루넬레스키의 투시 원근법을 적용한 최초의 그림인 '성 삼위일체'와 '성 베드로의 일생' 연작 프레스코를 제작하다. 이탈리아 르네상스 회화의 탄생.

1444년~1446년. 도나텔로 Donatello 1386-1466, 피렌체에서 청동 조각상 '다비드'를 제작하다. 이탈리아 르네상스 조각의 탄생.

1459년. 피렌체의 코시모 데 메디치, 플라톤 아카데미를 설립하여 르네상스 인문주의를 확산시키다.

1475년 경 이후. 플랑드르에서 유화 기법을 익힌 안토넬로 다 메시나 Antonello da Messina 1430~1479, 베네치아에서 활동을 시작하다.

1480년경. 도나텔로의 영향을 받은 만테냐 Andrea Mantegna 1431?-1506, '죽은 그리스도'를 그리다. 만테냐는 페라라와 베네치아를 비롯한 북이탈리아 화파의 형성에 영향을 미침.

〈산타 마리아 델 피오레 대성당(피렌체의 두오모)〉 쿠폴라. 브루넬레스키

〈성삼위일체〉 마사초, 피렌체, 산타 마리아 노벨라 성당.

〈죽은 그리스도〉 만테냐. 밀라노, 브레라 미술관.

1482년. 플라톤 아카데미의 영향 아래 있던 보티첼리^{Sandro Botticelli 1445?-1510}, 피렌체에서 '봄'과 '비너스의 탄생'(1486년)을 그리다.

1496년. 국제 고딕 양식의 대가 젠틸레 다 파브리아노의 이름을 물려받은 젠틸레 벨리니^{Gentile Bellini 1429~1507?}, 베네치아에서 '산 마르코 광장의 종교 행렬'을 그리다.

〈봄〉보티첼리, 피렌체, 우피치미술관.

1497년~1498년. 레오나르도 다빈치^{Leonardo da Vinci 1452-1519}, 밀라노에서 전통 프레스코에서 벗어난 유화 방식으로 '최후의 만찬' 벽화를 제작하다.

1501년~1504년. 미켈란젤로^{Michelangelo Buonarroti 1475-1564}, 피렌체에서 조각상 '다비드'를 제작하다. 비슷한 시기 메시나로부터 유화 기법을 익힌 조반니 벨리니^{Giovanni Bellini 1430?-1516}, 베네치아 산 자카리아 성당에 '성 모자와 성인들'을 그리다.

1505년. 베네치아 벨리니 공방의 조르조네^{Giorgione 1477?-1510}, 최초의 풍경화 '폭풍'을 그리다. 이후 이탈리아 르네상스 회화의 전성기가 시작됨.

1505년~1507년. 알브레히트 뒤러^{Albrecht Düre 1471-1528}, 베네치아를 여행하고 조르조네, 조반니 벨리니, 레오나르도 다빈치로부터 영향을 받다. 북유럽 르네상스 회화의 시작으로 평가됨.

1508년~1512년. 미켈란젤로, 바티칸 시스티나 성당의 천장화 '천지창조'를 그리다. 비슷한 시기 라파엘로^{Raffaello Sanzio 1483-1520}, 교황의 사저에 '아테네 학당' 등을 그리다.

1516년~1518년. 조반니 벨리니의 제자, 티치아노^{Tiziano Vecellio 1488?-1576}, 베네치아 프라리 성당에 '성모 승천'을 그리다.

1520년. 라파엘로가 사망하다.

1527년. 카를로스 5세의 군대가 로마를 약탈하다.

라파엘로의 사망과 로마 약탈 사건 이후 로마 중심의 르네상스 회화 전성기가 마감되고 새롭게 공국이 된 피렌체에서 마니에리스모(매너리즘) 양식이 시작됨.

1534년~1541년. 미켈란젤로, 바티칸 시스티나 성당에 '최후의 심판' 프레스코를 그리다.

1545년. 피렌체 마니에리스모의 대표화가인 브론치노^{Agnolo Bronzino 1503~1572}, 엘레오노라와 아들의 초상화를 그리다.

1548년. 티치아노, '카를로스 5세의 기마상'을 그리는 등 이른바 '회화의 군주'로 칭송받게 되다. 같은 해, 틴토레토^{Tintoretto, Jacopo Robusti 1519~1594} '성 마르코의 기적'을 그리다.

〈최후의 심판〉 미켈란젤로, 바티칸, 시스티나 성당.

1563년. 트리엔트 공의회(1545년~1563년)의 결과 반종교개혁이 결의되고, 교회의 선전 수단으로서 새로운 예술 양식을 천명하다. 바로크 양식의 종교적 배경.

1564년~1588년. 틴토레토, 산 로코 대신도회당에 50여 편의 그림을 그리다.

1573년. 베로네세^{Paolo Veronese 1528~1588}, 베네치아에서 '레위가의 향연'을 그리다.

1594년. 틴토레토가 사망하다. 일반적으로 이탈리아 르네상스 회화는 틴토레토의 사망과 함께 끝난 것으로 평가된다.

이후,

틴토레토의 영향을 받은 엘 그레코^{El Greco 1541~1614}는 전무후무한 개성으로 스페인에서 활동하며 스페인 회화의 전통을 세운다.

볼로냐 화파의 안니발레 카라치^{Annibale Carracci 1560~1609}는 라파엘로와 미켈란젤로, 티치아노, 틴토레토 등을 연구하여 고전주의적 바로크 화풍을 성립한다.

티치아노와 틴토레토 등 베네치아 화파의 영향을 받은 카라바조^{Michelangelo Merisi da Caravaggio 1573~1610}는 특유의 명암법을 통해 극적이고 사실주의적인 바로크 화풍을 성립한다.

안니발레 카라치와 카라바조의 화풍은 이후 전 유럽으로 퍼져 루벤스, 렘브란트, 반 다이크, 벨라스케스 등에게 영향을 미친다. 이른바 바로크 시대다.

〈엠마오의 저녁식사〉 카라바조, 밀라노, 브레라 미술관.

〈천지창조〉 미켈란젤로, 바티칸, 시스티나 성당 천장화.

베네치아 미술의 과거와 현재

베네치아 미술의 본산 – 아카데미아 미술관

미술의 현재와 미래 – 페기 구겐하임 미술관

04

베네치아 미술의 본산, 아카데미아 미술관

아카데미아 미술관

여느 아침처럼 우리는 달콤 고소한 몇 가지 빵에 향긋한 커피 한 잔으로 식사를 마치고, 호텔 직원들과 "본 조르노(Buon giorno)~", "차오(Ciao)"~ 인사를 나누며 호텔을 빠져나왔다. 바다 향기 살짝 묻어나는 베네치아의 아침 공기를 마시며 거리에 나섰고 언제 길을 헤맸냐는 듯 능숙하게 골목골목을 돌아 목적지를 향해 의심 없는 발걸음을 내딛었다. 어느새 익숙한 일상이 되어버린 베네치아의 아침. 그런데 어느덧 이 멋진 일상도 마지막이다.

성당에서, 궁전에서, 인근 도시들에서, 그동안 베네치아 회화의 흐름을 따라 걸었던 우리는 베네치아 여행의 마지막 날 첫 일정을 베네치아 화파의 본산, '아카데미아 미술관 Gallerie dell'Accademia'에서 시작했다.

〈아카데미아 미술관〉 Didier Descouens, Wikimedia Commons

베네치아 아카데미아 미술관은 12세기에서 16세기까지 5세기에 걸친 베네치아 회화의 주요 작품들을 전시하고 있는 곳이다. 그 시작은 1750년 화가 조반니 바티스타 피아제타가 설립한 '아카데미아 디 벨레아르티'였는데, 이후 나폴레옹 지배하에 있던 19세기 초에 지금의 장소로 옮겨와 교회와 수도원에서 가져온 작품들로 더욱 풍성히 채웠다. 걸음을 옮길 때마다 고개를 돌릴 때마다 숨막힐 듯한 명작들이 말 그대로 '전람회'를 이루고 있지만 여기서는 놓쳐서는 안될 작품들을 중심으로 만나기로 하자.

카르파치오, '성녀 우르술라의 생애' 연작 중 '도착한 대사들', '약혼자와의 만남과 성지 순례의 출발', '성녀 우르술라의 꿈'

이곳이 베네치아 화파의 본산이 맞긴 맞나 보다. 아카데미아 미술관에서 우리가 처음으로 만난 작가는 카르파치오였다. 조화된 색채에 안정된 공간감을 표현했던 비토레 카르파치오^{Vittore Carpaccio, 1460~1526?}. 그는 벨리니 일가, 특히 젠틸레 벨리니에게 많은 영향을 받았고 한다. 종교화를 그리면서도 풍속화 같은 친근함을 표현하는 뛰어난 능력을 보여 당대의 베네치아 시민들 취향을 제대로 저격했던 인물이다.

〈도착한 대사들〉 비토레 카르파치오. 베네치아, 아카데미아 미술관. 브르타뉴 지방의 궁전에 도착한 영국 대사들이 우르술라와 에레오의 결혼을 제안하는 장면이다. Wikimedia Commons

아카데미아 미술관에서는 카르파치오의 그림들 중 가장 유명한 '성녀 우르술라의 생애' 연작 몇 작품을 감상할 수 있다. 모두 아홉 점의 작품으로 이뤄진 이 연작의 내용은 중세의 대표적인 성인^{聖人} 전설을 모아놓은 책 "황금 전설"에 기초한다.

기록에 따르면, 성녀 우르술라는 기독교도인 영국 국왕의 딸이었는데, 이교도 왕의 아들과 결혼하는 조건으로 3년간 로마로 순례 여행을 떠난다. 11,000명의 처녀들을 거느리고 떠난 우르술라 일행은 로마에 무사히 도착해 교황의 환대까지 받고 순례를 마쳤다. 하지만 고국으로 돌아가는 길에 쾰른에서 훈족의 공격을 받아 우르술라와 11,000명의 처녀들은 모두 학살되었다. 우르술라의 미모에 반한 훈족의 왕 아틸라는 처음엔 우르술라를 살려뒀으나 그녀가 자신과 결혼하기를 거부하자 화살을 쏘아 무참히 살해했다고 한다.

아카데미아 미술관에 걸린 연작 중 '도착한 대사들'에선 브르타뉴^{Bretagne} 지방의 궁전에 도착한 영국 대사들이 우르술라와 에레오의 결혼을 제안하는 이야기가 묘사되어 있다. 정확한 원근법과 정교하고 생동감 넘치는 묘사로 다양한 건물과 수많은 인물들을 적재적소에 배치해 놓았다.

〈약혼자와의 만남과 성지 순례의 출발〉 비토레 카르파치오, 베네치아, 아카데미아 미술관. 우르술라와 약혼자가 만나는 장면이다. Wikimedia Commons

이어 우리는 연작 중 가장 큰 그림인 '약혼자와의 만남과 성지 순례의 출발'로 자리를 옮겼다. 이 그림은 중앙에 있는 커다란 깃대를 기준으로 왼쪽과 오른쪽의 배경과 이야기가 다르다. 화면 왼쪽에는 영국의 왕이 약혼자를 만나기 위해 브르타뉴로 출발하려 하는 딸과 인사를 나누고 있다. 깃대를 넘어 오른쪽으로 시선을 옮기자 이야기는 바로 다음으로 이어져 우르술라와 그의 약혼자가 이미 만나고 있다. 그리고 그 뒤로는 부모들에게 인사하는 처녀의 모습이 보이는데, 이제 우르술라와 11,000

명의 일행이 로마를 방문하는 순례 여행을 시작할 것이라는 이야기다.

카르파치오는 우르술라가 순례 여행에서 보게 될 다양한 양식의 건축물을 곳곳에 그려놓았다. 왼편에는 중세의 영국 건축물이, 오른쪽에는 브르타뉴 지역의 르네상스 건축물들이 보인다. 그런데 그런 건물들과 상관없이 배가 떠 있는 바다 배경은 전형적인 베네치아 풍경이다. 우리가 앞서 본 '도착한 대사들'도 마찬가지였다. 역시나 베네치아 사람들의 취향 저격이 제대로다. 카르파치오는 이 큰 화폭에 그의 특기를 마음껏 살려 수많은 건물과 인물들을 짜임새 있게 그려 넣었는데, 중앙의 깃대 아래 작품을 완성한 날짜와 서명을 남기는 것도 빼놓지 않았다.

〈성녀 우르술라의 꿈〉 비토레 카르파치오, 베네치아, 아카데미아 미술관. 우르술라이 죽음이 임박했음을 알리는 꿈 장면이다. Wikimedia Commons

'성녀 우르술라의 꿈'에서는 앞서 본 다른 연작들과 달리 화려한 배경 건물이나 수많은 인물들이 등장하지 않는다. 이른 아침, 시린 공기를 가르며 여린 햇살이 침실을 비추는 가운데 우르술라가 잠들어 있다. 그녀의 순결함을 강조하듯 남편이 누울 자리는 비어있다. 침대 아래의 강아지, 창문 위 블루베리 나무와 카네이션은 모두 그녀를 둘러싼 신의와 사랑의 상징들이다. 그런데 그녀의 발끝에 햇살을 몰고 들어온 천사는 순교자를 상징하는 종려나무 잎을 들고 있다. 그녀에게 죽음이 임박했음을 꿈속에서 알리고 있다.

그런데 15세기 말 베네치아의 부유한 가정집 침실이 고스란히 그려진 이렇게 따스하고 부드러운 공간에서 죽음 암시라니, 그것도 순결하고 신실한 아가씨의 죽음이라니. 물론 그래서 순교의 숭고함은 더 신비롭게 빛나겠지만, 우리는 그녀에게 감정이 이입이 되어서 안타까운 마음이 들었다.

덧붙이는 말 - 우르술라의 연작 중 '리알토 다리의 성물의 기적'에선 현재 대리석으로 제작된 리알토 다리가 아니라 1458년 나무로 제작된 도개교의 모습을 볼 수 있다.

젠틸레 벨리니 '산 마르코 광장의 종교 행렬'

아카데미아 미술관에서 그림에 대한 정보가 전혀 없어도 가장 반갑게 감상할 수 있는 그림이 있다면 단연 이 그림이 아닐까 싶다. 바로 젠틸레 벨리니$^{Gentile\ Bellini}$ $^{1429\sim1507}$의 '산 마르코 광장의 종교 행렬'이다. 전시실 한 벽면을 모두 차지하고 있는 큰 그림. 15세기의 산 마르코 성당이 오늘 아침에 광장을 지나며 본 모습 그대로 눈앞에 펼쳐져 있으니, 그림에 담긴 내용을 모른다 해도 반가움에 그림 앞으로 다가서게 된다.

〈산 마르코 광장의 종교 행렬〉 젠틸레 벨리니. 베네치아, 아카데미아 미술관. 1444년 4월 25일 산 마르코의 축일을 기념하는 종교 행렬을 묘사한 대작이다. Wikimedia Commons

젠틸레 벨리니는 이 그림에서 1444년 4월 25일 성 마르코의 축일을 기념하는 종교 행렬을 묘사했다. 산 자카리아 성당을 여행하며 충분히 얘기했지만, 벨리니 가문은 15세기 베네치아 미술을 대표하는 집안으로 꼽힌다. 그 1세대가 베네치아의 독특한 고딕양식을 고집했던 야코포 벨리니$^{Jacopo\ Bellini\ 1400?\sim1470}$고, 그의 큰 아들이 젠틸레 벨리니$^{Gentile\ Bellini\ 1429\sim1507}$다. 젠틸레 벨리니는 당대에 베네치아에서 벌어진 종교 의식과 관련된 역사적 장면들을 요즘 기록사진 남기듯 생생하게 그림으로 남긴 걸로 유명했는데, 이 그림에서도 화려한 종교 행렬을 밝고 가벼운 색감으로 세밀하게 묘사하고 있다.

조반니 벨리니 '성모자와 성녀들', '세례 요한과 함께 있는 성모와 아기 예수', '피에타'

이곳 아카데미아 미술관에서는 형 젠틸레 벨리니와 함께 베네치아 화파를 일궈낸 조반니 벨리니$^{Giovanni\ Bellini\ 1430?\sim1516}$의 여러 작품들을 마음껏 볼 수 있다.

먼저, '성모자와 성녀들'에는 전성기를 맞은 그의 기량이 마음껏 표현돼 있다. 그림 중앙에 있는 성모자의 왼쪽은 알렉산드리아의 성녀 카타리나, 오른쪽은 성 마리아 막달레나로 해석된다. 화려한 보석 장식이 돋보이는 두 성녀의 모습에선 순수한 아름다움에 더해 당시 귀부인의 복식을 엿볼 수 있다.

배경 요소를 모두 배재한 단순한 구성의 그림이지만, 이 그림에 조반니 벨리니의 모든 것이 담겼다 해도 과언이 아니다. 미묘한 빛의 처리와 유려한 색채 표현, 그리고 그림 속 인물들 사이를 오가는 공기마저 느껴지도록 배경의 어둠까지 섬세하게 다뤘다. 인물들이 자칫 짙은 어둠 속에 있는 것처럼 보이지만, 아무런 장치도 없는 배경의 어둠 때문에 모든 인물들은 그 어떤 빛보다 밝은 조명을 받으며 빛나고 있다. 그리고 그저 어둠으로 보이는 배경도 완전한 블랙이 아니라 인물들이 숨 쉬는 실재하는 공간처럼 표현해냈다는 게 놀랍다. 조반니 벨리니 이전에 이런 성모자의 그림이 있었던가 감탄하며 우리는 자리를 옮겼다.

성모자와 성녀들〉조반니 벨리니. 베네치아, 아카데미아 미술관. Wikimedia Commons

〈성모자와 세례 요한과 성녀〉 조반니 벨리니. 베네치아, 아카데미아 미술관. Wikimedia Commons

비슷한 구도로 그린 조반니 벨리니의 '성모자, 세례 요한과 성녀'가 곧바로 우리 눈에 들어온다. 처음엔 앞서 본 그림과 배경만 다를 뿐 거의 비슷하게 보였다. 하지만 그 배경이 얼마나 큰 '다름'인지를 금세 알 수 있었다. 강이 흐르는 도시 풍경과 멀리 보이는 산들의 서로 다른 높이와 푸른 빛깔이 얼마나 이 그림을 풍성하게 만들고 있는지, 그것들이 인물과 얼마나 잘 어우러져 있는지가 보인다.

이런 그림은 '성스러운 대화'란 이름으로도 알려져 있다. 성모자 혹은 성모와 예수를 가운데 두고 성자들이 양쪽에 들어서 있는 구도의 그림, 서로 다른 이야기나 시대에 속한 성인들이 한 공간에 배치되면서 서로 시선을 교환하는 그림을 모두 그렇게 부른다. 그림 속 성인들이 정적인 분위기 속에서 세속적 언어가 아니라 서로 영적으로 소통하고 있다는 의미다. 앞서 본 '성모자와 성녀들'을 비롯해 산 자카리아 성당에서 만났던 제단화, 이곳에 있는 '성 지오베 제단화' 같은 조반니 벨리니의 작품들이 모두 '성스러운 대화'로 불리는 그림들이다.

그런데 '성모자, 세례자 요한과 성녀'가 들려주는 대화는 다름 아닌 '예수의 죽음'이다. 성모에게 안긴 예수는 아직 어린 아기지만, 다리는 십자가에 못 박힌 듯 서로 모여 있고 양쪽에 있는 두 성자의 표정과 행위도 애도의 뜻을 보이고 있다. 그리고 무엇보다 양쪽의 두 성인을 빼고 보면, 예수의 자세나 성모의 몸짓은 완벽한 '피에타 Pieta. 이탈리아어로 슬픔과 비탄을 뜻하며 성모가 죽은 예수를 안고 비탄에 잠긴 모습을 표현한 작품,의 그것이다.

〈피에타〉 조반니 벨리니. 베네치아, 아카데미아 미술관. 숨을 거둔 예수의 모습에선 십자가의 고통을 벗어난 평화가 보이지만, 성모의 얼굴엔 아들을 잃은 비통함이 고스란히 담겨있다.

부활을 믿건 아니건 우리는 아기 예수를 앞에 두고 나누는 '죽음의 대화'가 왠지 가슴이 아파, 다음 그림으로 이동했다. 그런데 이번엔 진짜 조반니 벨리니의 '피에타'가 나타났다. 눈을 감은 채 숨을 거둔 예수의 모습에선 십자가의 고통을 벗어난 평화가 보이지만, 성모의 얼굴엔 아들을 잃은 비통함이 고스란히 담겨있다. 통곡의 일그러짐 없이도 이렇게 슬픈 표정일 수 있다는 것이 놀랍다.

조각에서 피에타는 죽음과 슬픔을 강조하기 위해 예수와 성모 마리아 이외의 다른 피조물은 모두 배제한다. 그런데 이 그림에서는 성모자 뒤로 배경이 배치되어 있다. 따스한 색채의 모래 언덕이 두 가지 색채로 대비된 성모의 의상을 더 돋보이게 하며 원근감을 주며 들판 사이로 난 길은 멀리 도시로 이어져 배경을 이룬다. 배경 도시는 팔라디오가 건축한 바실리카와 두오모가 보이는 걸로 봐서 베네치아의 인근 비첸차를 묘사한 걸로 해석한다. 피에타를 둘러싼 모든 배경은 슬픔과 비탄의 피에 타를 따뜻하게 감싸 안는다. 꽃이 가득한 풀밭은 앞으로 일어날 인간의 구원과 예수의 부활을 암시하고, 예수의 머리 쪽에 있는 나무 등걸은 영원한 믿음을 상징하며 슬픔의 감정을 누그러뜨린다.

인간의 죄를 대신 짊어지고 십자가에 못 박혀 죽은 예수. 이 한 폭의 그림 앞에 서면 비록 종교를 믿지 않거나 다른 종교를 가진 이라도 그 희생의 고귀함과 슬픔을 느낄 수 있을 것이다.

조르조네 '폭풍'

다른 곳에 비해 몇 톤 낮은 조명의 어두컴컴한 전시실 한 쪽에 그리 크지 않은 작품이 한 편 걸려 있다. 화면 오른쪽, 낮은 언덕에 앉아 아기에게 젖을 물리고 있는 반라의 여인. 그녀의 맞은편, 지팡이에 몸을 기댄 채 비스듬히 서서 그녀를 바라보고 있는 사내는 목동처럼 보인다. 그들 사이로는 시내가 흐르고, 시내를 따라 길과 건물들이 이어지고 작은 다리도 하나 놓여 있다. 그리고, 금방이라도 비가 쏟아질 것 같이 잔뜩 찌푸린 하늘엔 한줄기 번개의 섬광이 구름을 찢고 있다. 서양미술사에서 가장 수수께끼 같은 그림 중 하나인 이 작품은 조르조네^{Giorgione 본명:Giorgio Barbarelli da} Castelfranco 1477?~1510의 '템페스트(폭풍)' 이다.

〈폭풍〉조르조네. 베네치아, 아카데미아 미술관. 서양미술사에서 가장 수수께끼 같은 그림 중 하나다.

　15세기가 저물어 가던 무렵, 베네치아 근교의 카스텔프랑코에서 태어난 조르조네는 10대 후반에 베네치아의 조반니 벨리니 공방에서 도제 수업을 받았다. 그 즈음 조반니 벨리니는 유화의 다양한 표현 가능성을 실험하고 있었는데, 조르조네 역시 후배인 티치아노와 함께 벨리니의 유화 기법을 익혔다.

　그는 특히 기존의 나무 패널 대신 캔버스를 적극적으로 활용하여 유화의 가능성을 혁신적으로 확장시켰다. 나무 패널은 해상 국가 베네치아에서는 당연히 습기에 취약할 수밖에 없었는데, 조르조네는 무역선의 돛으로 사용되던 흔해 빠진 캔버스를 화면으로 사용한 것이다. 그는 캔버스에 배경색을 두껍게 바르고 그 위에 물감을 덧칠하여 형상을 나타내는 기법으로 유화의 표현력을 높였다. 이후 후배인 티치아노는 물론이고 스승인 조반니 벨리니 역시 그의 이런 혁신적 기법을 수용했으니, 베네치아 화파로부터 오늘날까지 이어지는 '캔버스 위에 유화'라는 공식을 실질적으로 완성한 것은 조르조네인 것이다.

그런데 조르조네의 혁신은 재료와 기법의 측면에서만 그친게 아니었다. 그것은 지금 우리 눈앞에 있는 이 작품 '폭풍'을 통해서 확인할 수 있다. 조르조네가 사망한 지 20년이 지난 1530년, 마르칸토니 미키엘Marcantonio Michiel 1484~1552은 이 작품을 보고 "캔버스에 그려진 폭풍우, 집시, 그리고 군인이 있는 풍경화로 조르지오 다 카스텔프랑코의 작품"이라고 했다. 그러니까 조르조네와 동시대 사람인 미키엘은 이 작품을 '풍경화'로 인식했다는 것이다. 그런데 이것은 매우 중요한 사실이다. 왜냐하면 그때까지 풍경이 작품의 주제였던 적은 단 한 번도 없었기 때문이다. 말하자면 조르조네의 이 작품 '폭풍'이 서양 회화사 최초의 풍경화란 뜻이다.

그림이라면 당연히 성화이거나 초상화, 역사화인 시절, 폭을 좀더 넓히더라도 알레고리화 정도만 특이할 뿐이 16세기 르네상스 시기에 그려진 풍경화. 그래서일까? 이 작품에 대해서는 온갖 억측과 해석이 이어졌다. 특히 전면에 배치된 두 사람의 정체에 대해 갖가지 의견이 분분했는데, 미키엘의 말처럼 집시 여인과 군인이라는 해석 외에도, 이집트로 도피한 성모와 요셉과 아기 예수, 낙원에서 쫓겨난 아담과 이브, 머큐리와 이오 등 그 종류만도 30여 가지가 있을 정도다. 하지만 조르조네가 33살이란 비교적 젊은 나이에 흑사병으로 요절함으로써 우리는 그 해답을 영원히 알 수 없게 되었다.

〈폭풍(부분)〉 조르조네. 베네치아, 아카데미아 미술관. 두 사람의 정체에 대해 갖가지 의견이 분분하다.

비록 두 사람의 정체를 알 수는 없지만 낭만적 풍경화로서 이 그림의 혁신적 가치는 빛난다. 짙게 드리운 먹구름 사이로 번쩍이는 번개. 제법 거세게 불어오는 바람에 흔들리는 나뭇잎. 앞의 두 인물과 그들을 둘러싸고 있는 대기는 곧 무슨 일이 벌어질 것 같은 분위기를 드러낸다. 이것은 이른바 '포에지아 Poesia'의 전형적인 모습이다. 포에지아는 '그려진 시 Painted Poem'라는 뜻인데, 시와 마찬가지로 아름다운 풍경이나 정서적 심상을 중시하는 그림을 말한다. 그래서 포에지아는 대부분 인물이 있는 풍경화의 형식을 띠게 마련이다. 성스럽거나 권위있는 인물이 아닌 풍경을 전면에 내세워서 자연과 인간의 조화와 인간 정서의 다양한 가능성을 제시한 포에지아. 조르조네의 혁신은 바로 이 지점이다.

그래서일까? 위대한 미술사가 곰브리치는 이 그림을 "어떤 의미에서 원근법의 창안과 거의 맞먹는 새로운 영역을 향한 하나의 발돋움"이라 평가했다. 마사초의 원근법에 의해 피렌체 르네상스가 시작되었다면, 조르조네의 풍경화에 의해 베네치아 르네상스, 나아가 서양 근대 회화의 또 다른 분기점이 만들어진 것이다.

〈폭풍(부분)〉 조르조네. 베네치아, 아카데미아 미술관. 인물이 아닌 풍경을 전면에 내세워서 자연과
인간의 조화와 인간 정서의 다양한 가능성을 제시한 작품이다.

　우리는 이 그림, '폭풍' 앞에서 쉽사리 발걸음을 옮기지 못했다. 물론 그것은 이 작
품과 작가 조르조네의 미술사적 의미가 그만큼 크기 때문이다. 그리고 수수께끼 같
은 작품 속 인물들의 정체에 대한 여러 상상 때문이기도 하다. 그런데 더 중요한 것
은 작품이 아름답기 때문이다. 먹구름 사이의 번개가 불러오는 불길함과 초록 숲과
인물들의 평화로움은 묘한 긴장감을 불러 일으킨다. 불안과 평화의 '낭만적 긴장'
이라 하면 될까? 그것이 무엇이든 이 그림, '폭풍'은 사람의 감정을 여러 방면으로
자극하는 매력적인 작품임이 틀림없다.

틴토레토 '노예를 구출하는 성 마르코의 기적', '성 마르코 시신의 피신'

기적과 환상은 이렇게 표현해야 맞는 것이 아닐까? 우리는 틴토레토의 '노예를 구출하는 성 마르코의 기적' 앞에서 이런 생각을 했다.

주인 몰래 성지 순례를 다녀온 죄로 발가벗겨진 채 고문을 당하려는 노예, 그 위로 성 마르코가 단숨에 나타나 기적을 행하는 장면. 틴토레토는 하늘에서 내려온 성 마르코와 누워있는 노예를 기발한 단축법으로 묘사해 전에 볼 수 없었던 독특한 구도를 만들고 있다. 투시원근법으로 그려진 배경 건물들은 인물들과 어우러져 입체감까지 살려냈다. 상식으로는 설명하기 힘든 기적의 순간을 이렇게 극적으로 표현해 낼 방법이 또 있을까?

그림에 묘사된 성 마르코의 기적은 앞서 카르파치오의 그림에서 만났던 성녀 우르술라의 생애와 마찬가지로 "황금 전설"에 담긴 내용이다. 프로방스 지방 영주에 속해 있던 한 노예가 성 마르코에 대한 신심에 사로잡혀 주인의 허락도 받지 않고 산 마르코 대성당으로 순례 여행을 다녀왔다. 격분한 영주는 노예의 눈을 빼고 다리를 자르는 극형을 선고하고 종들을 시켜 이를 집행하려는데, 그 순간 기적이 일어났다.

그림에서처럼 노예를 발가벗겨 우악스럽게 팔다리를 잡고 고문을 하려 하지만, 눈을 찌르려던 꼬챙이도 다리를 자르려던 도끼도, 모두 망가져 버렸다. 그림 가운데 터번을 쓴 종은 두 동강난 도끼를 오른쪽 위에 붉은 옷을 차려입고 성난 얼굴로 고문을 지시하는 주인에게 보여준다. 그의 표정은 잘 보이지 않지만 당황과 놀라움이 몸짓에 담겨있다. 그림을 보는 우리는 이 모든 일이 순식간에 날아든 성 마르코의 기적이란 걸 아는데, 화면 속 인물들은 아직 알아채지 못한 모양이다.

〈노예를 구출하는 성 마르코의 기적〉 틴토레토. 베네치아, 아카데미아 미술관. 대담무쌍한 단축법에 조각같은 입체감, 베네치아 화파 특유의 현란한 색채를 융합한 걸작이다.

실오라기 하나 걸치지 않은 노예는 노예로 보기에 기품이 있고 어떻게 보면 십자가에 달린 예수처럼 경건한 분위기마저 자아낸다. 그는 이제 노예의 신분이 아니라 순수하고 열렬한 신앙인의 모델이 된 것이다. 틴토레토가 이 노예를 그릴 때 자기 자신을 모델로 삼았다는 이야기도 전해진다. 당시 나체 모델을 쉽게 구하지 못했던 이유도 있겠지만, 화가의 길로 들어서면서 받았던 온갖 비난과 조롱으로 인한 상처를 신앙으로 극복하고자 믿음 강한 노예의 모습에 자신을 대입시켰다는 것이다.

바닥에 누운 노예를 비롯해 근육질 몸매의 그림 속 인물들은 묘하게 뒤틀리고 과장된 몸짓을 하고 있다. 틴토레토식 매너리즘 기법이다. 그림에 역동적인 분위기를 불어넣는 이 기법은 왼쪽 건물 앞 아기를 안고 있는 여인을 시작으로 노예의 다리를 자르기 위해 망치를 들고 허리를 숙인 노란 옷의 인물에게까지 연결고리처럼 이어진 군중 전체로도 표현된다. 물결같이 무리를 이룬 군중을 통해 나타나는 역동감, 이는 베네치아 화파 특유의 색채와 어울려 극적인 현장감을 자아낸다.

마지막으로 우리의 눈길은 한 번 더 노예를 덮치듯 내려오는 성 마르코에게 향한다. 위험 중에 있는 노예를 구하기 위해 한순간도 지체할 수 없다는 듯 붉은 옷을 입고 하늘에서 나타난 성 마르코. 그간의 종교화가 안정과 평화만을 보여주었다면 틴토레토의 이 그림은 달랐다. 대담무쌍한 단축법에 조각같은 입체감, 베네치아 화파 특유의 현란한 색채를 융합시킨 이 새로운 종교화는 보는 우리의 마음에 설렘과 흥분을 주기에 충분했다.

이곳 '아카데미아 미술관'에서는 틴토레토의 또 다른 성 마르코 연작들이 있는데 그중 대표적인 작품이 '성 마르코의 시신 피신'이다.

'성 마르코의 시신 피신'에는 성 마르코의 시신을 지켜낸 두 이야기가 동시에 들어있다. 첫 번째는 성 마르코가 이교도에 의해 순교당한 뒤 화장당할 위기에 처해 있을 때의 이야기다. 갑자기 하늘에서 천둥과 번개가 내리치자 이교도들은 도망치기에 급급했고, 그 틈을 타 기독교인들이 성 마르코의 시신을 교회에 모셨다는 이야기다. 또 하나는 그로부터 800여 년 후, 이슬람의 지배를 받던 지

〈성 마르코의 시신 피신〉 틴토레토, 베네치아, 아카데미아 미술관. 틴토레토의 시그니처 같은 그림인 성 마르코 연작 중 한 편이다.

금의 이집트 알렉산드리아의 한 수도원에서 성 마르코의 시신은 또 한 번 훼손될 위기에 처했을 때다. 이때는 베네치아 상인들이 몰래 시신을 빼돌려 베네치아로 모셔왔는데, 그림에는 이 두 일화가 모두 들어있다.

주인공은 독특하게 화면의 중앙이 아닌 오른쪽에 치우치게 배치돼 있고 독특한 투시원근법으로 그려진 배경이 극적으로 성인의 유해를 지켜낸 이야기에 신비감을 더한다. 틴토레토가 이런 독특한 원근법과 인물 배치를 할 수 있었던 건 밀랍 인형과 미니어처를 만들어 특이한 방식으로 빛을 비추며 다양한 실험을 했기 때문이라고 한다. 어쩌면 그는 이런 실험을 통해 이성적으로 완벽한 인물과 공간 배치, 빛의 활용보다는 보는 이들의 감정을 사로잡는 어떤 한 순간을 발견하려고 했던 것은 아니었을까? 우리는 틴토레토가 재현한 극적인 그 한 순간에 빠져들었다 나온 것 같은 기시감^{既視感, Dejavu}마저 들었다.

〈동물 창조〉 틴토레토. 베네치아, 아카데미아 미술관. 창조의 역동적인 모습과 속도감이 느껴진다.

〈카인과 아벨〉 틴토레토. 베네치아. 아카데미아 미술관. 신에 대한 질투심으로 동생 아벨을 죽이는 카인을 묘사하고 있다. 앞서 살루테 성당에서 만난 티치아노의 작품과 비교해서 보자.

아카데미아 미술관에는 '성 마르코 연작' 외에도 틴토레토의 구약성경 창세기 연작도 볼 수 있다. 동물들을 창조해 내는 창조주의 모습을 묘사한 '동물 창조', '아담과 이브의 유혹', 신에 대한 질투심으로 동생 아벨을 죽이려 하는 카인을 묘사한 '카인과 아벨' 등이 그것이다. 또 '예수를 십자가에서 내림', '경배를 받는 성모자와 성인들' 등 놓칠 수 없는 틴토레토의 명작들이 이어진다. 소재를 비롯해 구도와 형상 모두 틴토레토 특유의 참신함이 돋보이는 작품들이다.

파울로 베로네세 '레위가의 향연'

"우리 화가들은 시인들과 미치광이들이 가진 것과 동일한 허가증을 지니고 있다."

이제, 종교 재판소에서 이렇게 당당히 창작의 자유를 주장했던 자유로운 영혼의

〈레위가의 향연〉 베로네세. 베네치아, 아카데미아 미술관. 풍부한 색채, 인물들의 역동적인 움직임, 장식적인 고전건축까지, 베로네세의 모든 것이 들어있는 대표작이다.

소유자, 베로네세의 '레위가의 향연'을 볼 차례다. 너비 13미터, 높이가 6미터에 이르는 대작이다 보니, 앞서 본 틴토레토의 그림들 보다 먼저 눈에 띄었지만 찬찬히 보기 위해 아껴두었다.

고향인 베로나에서 이름을 따온 파올로 베로네세$^{Paolo\ Veronese\ 1528\sim1588}$는 티치아노, 틴토레토와 함께 후기 르네상스 시대를 대표하는 베네치아 화파의 위대한 화가로 손꼽힌다. 베네치아의 사교계에서도 유명했던 그는 대규모의 장식적인 프레스코와 유화 작업들을 맡아 큰 인기를 누렸다. 특히, 로마 유적의 웅장함을 떠올리게 하는 건축 요소를 연극 무대처럼 활용하고, 풍부하고 화려한 색조로 환상적인 공간과 인물들을 창조해냈다. 지금 우리 눈 앞에 있는 '레위가의 향연' 또한 풍부한 색채에, 인물들의 역동적인 움직임, 장식적인 고전 건축까지, 베로네세의 특징이 모두 들어있는 그야말로 그의 대표작이다. 대담한 투시 원근법과 극적이고 화려한 느낌은 당대 베네치아의 웅장함과 화려함을 반영하고 있다.

거대한 이 작품은 티치아노의 '최후의 만찬'이 화재로 소실되자 도미니크 수도회에서 같은 주제로 주문했던 그림이다. 그러니 원래 제목은 '최후의 만찬'이었다. 사실 제목을 '레위가의 향연'으로 알고 있지 않았다면, 화려한 화면에 많은 사람이 등장해서 조금 의아해 했겠지만 중앙의 예수와 주변 사도들의 모습을 보고선 "이건 최후의 만찬이네." 했을 것이다. 하지만 그림을 주문한 도미니크 수도회에서 보기엔 가장 성스러워야 할 주제인 최후의 만찬이 화려해도 너무 화려하고 등장인물이 많아도 너무 많았던 모양이다. 베로네세는 이 그림 때문에 신성모독과 불경죄라는 명목으로 종교 재판에 회부되었다.

사실 세 개의 아치와 화려한 조각이 돋보이는 건축물까지는 이해가 된다. 귀족적 취향에 맞춰 재해석한 만찬이라면 세계 각국에서 모인 듯, 갖가지 전통 의복을 입고 있는 수많은 등장인물도 이해된다. 그런데 꼭 앵무새를 들고 있는 어릿광대에, 코피 흘리는 하인, 난쟁이, 강아지, 고양이, 원숭이까지 그려 넣어야 했는지. 더구나 루터교 신자로 오해받을 만한 독일인들까지 예수 주위에 그려놓았으니 수도회 주문자의 심기를 건드린 건 어찌 보면 당연한 건지도 모르겠다.

그런데 종교 재판에 나선 베로네세는 그림에 대한 지적에 조목조목 항변했고, 적극적으로 자신을 변호했다. 불필요하고 신성을 모독하는 인물들을 왜 그렇게 많이 그렸냐는 추궁엔 "나는 내가 적합하다고 생각하는 것으로 이 그림을 장식하라는 주문을 받았다. 내 생각에는 이 그림은 컸고 그래서 많은 인물들을 그려 넣을 수 있었다."라며 창작자의 자유 의지를 주장했다. 결국 재판부는 화가의 자비로 작품을 수정하라는 명령을 내렸지만 베로네세는 그 명령을 거부하고, 제목만 '레위가의 향연'으로 바꾸는 것으로 자신의 의지대로 문제를 해결해 버렸다.

〈레위가의 향연(부분)〉 베로네세. 베네치아, 아카데미아 미술관. 앵무새를 들고 있는 어릿광대에, 코피 흘리는 하인, 난쟁이, 강아지, 고양이, 원숭이, 그리고 루터교도로 오해받은 독일인까지 그려넣었다.

작품에 얽힌 스캔들을 이야기하느라 바빴던 우리는 자리를 떠나기 전, 작품을 한번 더 챙겨 봤다. 고전 건축에 적용된 투시원근법, 베네치아 화파 특유의 화려하고 자연스러운 색채 감각 등 곳곳에 베로네세의 솜씨가 빛을 발하고 있다. 귀족 취향의 너무 화려하고 가벼이 느껴지는 그의 그림이 때론 거북하게 느껴질 때도 있다. 하지만 그 어떤 심오한 주제라도 축제의 모습으로 변형시키는 능력을 지녔다는 그의 그림은 당시 엄숙주의에 대한 반기이고, 보이는 대로 느끼는 대중의 즐거움이며, 얽매이지 않는 예술의 영혼이다. 우리 역시 '레위가의 향연'을 보며 좀더 자유롭게 이해하기로 했다.

〈빨래하는 여인〉 마르코 리치(Marco Ricci 1676~1730). 베네치아, 아카데미아 미술관.

우리는 베로네세의 그림 이후 연대순으로 전시된 수많은 베네치아 화파의 명작들을 하나하나 짚어가며 감상했다. 가로 13미터, 세로 1.5미터라는 특이한 사이즈에 놀라고, 활동사진처럼 자연스럽게 이어지는 장면 구성에 감탄할 수밖에 없는 지암바티스타 티에폴로의 '뱀의 형벌', 섬세한 빛 표현이 돋보이는 아름다운 풍경화, 마르코 리치의 '빨래하는 여인이 있는 풍경', 프란체스코 하예즈의 '예루살렘에서의 성전 파괴' 등은 이곳에서 놓칠 수 없는 명작들이다.

티치아노 '피에타'

우리는 이제 베네치아 화파의 본산인 이 아카데미아 미술관의 마지막을 장식할 작품 앞에 섰다. 틴토레토와 베로네세의 작품들과 같은 전시실에 걸려 있어 외면하

〈피에타〉 티치아노, 베네치아, 아카데미아 미술관. 티치아노는 이 그림을 완성하지 못한 채 1576년 흑사병으로 세상을 뜨고 말았다.

기가 쉽지 않았지만, 아니 가장 먼저 눈길이 갔지만 억지로 억지로 눈을 돌리다가 이제야 마주하게 된 것이다. 티치아노의 '피에타'. 베네치아 화파의 중심이며, 회화의 군주였던 티치아노가 마지막으로 남긴 미완의 작품이다.

거의 아흔 살이 된 티치아노는 자신이 묻히길 원했던 프라리 성당의 카펠라^{cappella} _{소성당, 경당}를 위해 이 그림을 그렸다. 하지만 티치아노는 그림을 완성하지 못한 채 1576년 흑사병으로 세상을 뜨고 말았다. 결국 이 그림은 그의 무덤에도 걸리지 못했다.

하지만 이 그림은 죽음을 준비하고 있던 티치아노가 신의 존재 앞에서 스스로를 얼마나 낮추었는지, 또 그의 예술혼이 죽음을 맞이하는 그 순간까지도 얼마나 빛나고 있는지를 잘 보여주는 명작이다.

사실 처음 이 그림을 봤을 때, 우리는 베네치아에서 내내 찾아다녔던 '색채의 대가 티치아노'의 그림이 맞나 싶었다. 유려하게 색을 다루며 능숙한 붓놀림으로 공간의 따스함까지 담아냈던 그가 아니었던가? 그런데 눈앞의 '피에타'는 무채색에 가까운 색감에 거칠디 거친 터치로 마무리 되어 있다.

우리는 말없이 그림을 응시했다. 예수의 죽음과 그를 지켜보는 이들, 횃불을 든 아기 천사, 예수 희생의 증인처럼 서 있는 조각들. 그런데 가만히 보고 있으면, 티치아노가 그린 것은 단순히 죽음과 가늠하지 못할 슬픔, 짙은 어둠이 아니라 오히려 빛이 아니었을까 하는 의구심이 생긴다.

티치아노는 빛을 그림에 담기 위해 붓 대신 손가락을 사용했다고 한다. 그로 인해 형체 사이의 경계는 부드러워지고 빛과 그림자에도 미묘한 색감 차이가 생겼다. 무채색이 지배하는 것처럼 보이는 그림에 색과 빛은 오히려 살아 움직이고 있다. 그가 일생을 통해 표현했던 자연의 색채들이 그 빛으로 인해 오히려 새로운 '인상'을 드러내고 있는 것이다.

티치아노가 마지막 작품 '피에타'에서 젊은 시절 완성한 화려한 색채를 던져버린 것은 맞다. 하지만 이렇게 계속 그림과 마주하다 보면, 사람들이 흔히 표현하는 '회색의 피에타'나 '무채색의 죽음'은 아니라고 느껴진다. 그의 거친 손끝에서 나온 색과 빛은 서로의 경계를 넘나들며 세심하게 일렁이고 있기 때문이다.

"화가가 되고 싶은 사람은 반드시 세 가지 색, 즉 흰색, 빨간색, 검정색을 잘 알고 능숙하게 다룰 수 있어야 한다."

〈피에타(부분)〉 티치아노. 베네치아, 아카데미아 미술관. 티치아노는 예수의 팔을 붙들고 있는 피곤하고 지친 모습의 늙은 니고데모를 자신의 모습으로 그려놓았다.

그는 그가 말해왔던 그 능숙함을 넘어선 표현이 가능한지 최후의 순간까지 실험했던 것이다. 마지막이기에 가능했던 그 실험을 통해 티치아노는 죽음에 앞서 또 한번의 혁신을 이루어 낸 것이다. 예수의 팔을 붙들고 있는 피곤하고 지친 모습의 늙은 니고데모를 자신의 모습으로 그려놓았지만, 그 마지막 몸짓에도 거침없이 색과 빛을 춤추게 한 그. 티치아노는 정말, '색채와 질감의 귀재'가 맞았다.

티치아노 최후의 걸작 '피에타'를 끝으로 우리는 아카데미아 미술관에서 나왔다. 그동안 르네상스의 피렌체나 바로크의 로마에 비해 덜 주목받았지만, 서양 회화사의 핵심적인 흐름을 만들어낸 베네치아 화파를 제대로 만난 것 같아 뿌듯함이 느껴진다. 이제 우리의 발걸음은 마지막 여정으로 나아간다. 과거의 수로를 건너 미술의 현재를 만날 시간이다.

미술의 현재와 미래, 페기 구겐하임 미술관

페기 구겐하임 미술관

아카데미아 미술관에서 나와 좁은 골목을 한 굽이 돌아 작은 수로를 건너 좁은 길을 걷다보면 오른쪽으로 수로가 나란히 이어진다. 그리고 그 길의 끝 부분엔 소박한 벽돌담이 나타난다. 담 가운데 반쯤 열린 철문 너머로는 작은 마당도 보인다. 최소 2층 이상인 건물 외벽이 골목이나 수로와 바로 맞닿아 있기 마련인 베네치아에서 담으로 둘러싸인 마당은 흔하지 않은 구조다. 얼핏 평범한 가정집처럼 보여 주의를 기울이지 않으면 그냥 스쳐지나갈 수도 있는 이곳이 현대 미술의 숱한 영웅들이 모여 있는 '페기 구겐하임 미술관^{Collezione Peggy Guggenheim}'이다.

1898년 미국의 뉴욕에서 태어난 페기 구겐하임^{Peggy Guggenheim 1898~1979}은 스물한 살에 상속받은 엄청난 재산과 탁월한 예술적 안목을 바탕으로 수많은 미술품들을 수집하고 작가들을 후원했다. 그녀는 특히 1920년대 파리 생활 중 마르셀 뒤샹, 만 레이, 콘스탄틴 브랑쿠시, 앙드레 브르통, 막스 에른스트 등과 교류하면서 다다이즘, 큐비즘, 초현실주의 등 현대 미술에 깊은 관심을 가지게 되었다. 1930년대 후반부터 본격적으로 컬렉션을 연 그녀는 한스 호프만, 윌렘 드 쿠닝, 마크 로스코 등 현대 작가들을 발굴했는데, 당시 무명이었던 잭슨 폴록 역시 구겐하임 컬렉션을 통해 세상에 알려졌다.

〈페기 구겐하임 미술관〉 뉴욕 생활을 정리한 페기 구겐하임이 베네치아에 와서 1947년 부터 30여 년 간 머물렀던 집을 미술관으로 개조한 곳이다.

이곳 페기 구겐하임 미술관은 뉴욕 생활을 정리한 페기 구겐하임이 베네치아에서 1947년부터 30여 년 간 머물렀던 집을 미술관으로 개조한 곳이다. 그런데 이번 베네치아 여행을 계획하면서 우리 머리 속에 가장 많은 물음표를 남긴 곳이기도 했다.

조반니 벨리니 이후 르네상스와 마니에리스모를 거쳐 바로크와 로코코까지 이어진 베네치아 화파의 전통이 살아 있는 도시, 베네치아에 현대 미술관이 과연 어떤 의미로 다가올까? 이전의 경험들을 떠올려보면, 이탈리아에서 만나는 현대 미술 컬렉션은 우리에게 그리 큰 감흥을 주지 못했다. 고대 로마로부터 이어진 미술사의 거대한 흐름이, 특히 르네상스란 인류사의 거대한 산맥이 남긴 위대한 작품들이 도처에 산재해 있는 이 나라에서는 현대 미술에 감히, 눈길을 줄 여유마저도 없었기 때문이다.

하지만 우리는 몇 차례의 토론을 거친 끝에 이곳 페기 구겐하임 미술관을 이번 베네치아 여행의 종착점으로 정했다. 비록 직접적으로 이어져 있지는 않지만, 베네치아 화파를 비롯한 르네상스와 마니에리스모와 바로크 작가들이 뿌린 씨앗을 다양성이란 성과로 싹 틔운 현대 미술의 위대한 영웅들을 한 자리에서 만날 수 있는 기회를 놓치고 싶지 않았기 때문이다.

애초 생활 공간이었던 저택을 미술관으로 바꾼 탓일까? 미술관의 규모는 생각보다 크지 않았다. 그런데 그 좁은 실내에서 수많은 서양인들이 작품들을 감상하고 있었다. 산 마르코 광장과 리알토 다리에서 마주쳤던 그 수많은 동양인들은 모두 어디에 있는지 동양인이라고는 우리 일행 세 명 뿐이었다. 어찌보면 그것은 당연한 일이었다. 빡빡하게 짜인 일정에 맞출 수밖에 없는 패키지 여행을 떠나온 관광객들은 물론이고, 나름 여유를 가질 수 있는 자유 여행이라 할 지라도 볼거리 많은 베네치아에서 특별히 미술에 관심을 가지지 않는 한 이 미술관까지 찾아오긴 어려웠을 것이다.

수많은 서양인들의 틈바구니에서 우리는 먼저 알렉산더 칼더^{Alexander Calder}

^{1898~1976}의 모빌 작품 앞에 걸려있는 피카소^{Pablo Picasso 1881~1973}의 '해변에서'를 발견했다. 이 그림은 스페인 내전의 참혹한 비극을 형상화한 '게르니카'를 제작하기 직전인 1937년 2월에 제작된 작품이다. 파시즘에 저항해 인민전선을 지지했던 피카소는 당시 프랑스의 한 해변에서 연인과 함께 지내고 있었다. 광기어린 폭력의 현장에서 한발짝 떨어져 있던 그는 푸른 바다를 배경으로 소중한 생명을 잉태한 두 여인이 작은 배를 띄우는 모습을 그림으로써 평화로운 세상을 염원했다고 한다.

피카소의 이 작품은 여행 전 우리가 가졌던 의구심을 한 번에 사라지게 했다. 아니 그것은 스크로베니 소성당에서 지오토를 만났을 때, 산 자카리아 성당에서 조반니 벨리니를 만났을 때, 프라리 성당에서 티치아노를, 스쿠올라 산 로코에서 틴토레토를 만났을 때와 같은 감동이었다. 그랬다. 예술 작품이란 원래 결이 다른 아름다움으로 각각의 파문을 만드는 것. 르네상스는 르네상스대로, 바로크는 바로크대로, 그리고 현대 미술은 현대 미술대로 하나 하나 다른 감각 세포들에 각각의 아름다운 흔적을 남기는 것이다.

우리는 그렇게 새로 생긴 감각 세포를 온몸으로 느끼며 구겐하임 미술관 곳곳을 누볐다. 그런데, 다른 미술관들과 달리 작품들이 시대 순으로 배치되어 있지 않아서 우리의 동선은 먹이를 찾는 개미들처럼 무질서하게 얽혔다. 하지만 상상할 수 있겠는가? 살짝만 고개를 돌려도 현대 미술의 명작들이 줄줄이 나타나 우리의 심장을 쿵쾅거리게, 요즘 말로 '심쿵'하게 한다. 지금 몬드리안을 마주하고 있는데, 가까운 곳에 언뜻 마르크 샤갈이 눈에 들어온다. 몬드리안 앞에 더 머물고 싶은데 샤갈도 빨리 만나고 싶은, 이러지도 저러지도 못하는 상황. 우리는 곳곳에서 그 행복한 딜레마에 빠져 버렸다.

그 딜레마의 처음은 피카소와 칸딘스키였다. 피카소의 작품 맞은편에 최초의 추상화가라 불리는 칸딘스키^{Wassily Kandinsky 1866~1944}의 작품 '흰 십자가'가 걸려 있었던 것이다. 우리는 피카소를 뒤로 하고 칸딘스키 앞에 섰다.

〈흰 십자가〉 칸딘스키. 베네치아, 페기 구겐하임 미술관. 칸딘스키가 바우하우스에서 재직할 무렵 제작한 작품이다. http://www.guggenheim.org

〈상향〉 칸딘스키. 베네치아, 페기 구겐하임 미술관. 칸딘스키의 기하학적 탐구가 절정에 이르렀음을
보여주는 그림이다.

1911년 '청기사파'를 결성하여 전 유럽에 색채를 위주로 한 추상표현주의 붐을
일으켰던 칸딘스키는 러시아 혁명에 참여했다가 다시 독일로 돌아와 파울 클레의 권
유로 1922년부터 바우하우스에서 재직하게 된다. 청기사파 시절부터 이미 색채와
형태를 분해하기 시작했던 그는 바우하우스 시기에 이르러 추상적 정신을 미술의 본
질로 제시한다. 이 작품 '흰 십자가'는 그 무렵 제작된 것인데, 여러 기하학적 요소들
을 유기적으로 결합시켜 자신이 제시한 추상 정신을 표현하고 있다.

가까운 곳에 있는 1929년 작품, '상향'은 칸딘스키의 기하학적 탐구가 절정에 이
르렀음을 보여주는 그림이다. 분해된 원과 독일어 '상향, Empor'의 첫글자 'E'를
이용하여 에너지의 상승감과 균형감을 보여준다.

칸딘스키를 만났으면 당연히 몬드리안^{Piet Mondrian 1872~1944}도 만나야 한다. 1917

년 '데 스테일 De Stijl'을 통해 신조형주의 즉, 엄격하고 기하학적인, 진정한 추상 회화를 주창한 몬드리안은 1920년 무렵 바우하우스 미술을 접한 이후 자신의 이론을 좀 더 극단적으로 밀고 간다. 그렇게 탄생한 것이 저 유명한 '구성' 연작이다. 몬드리안은 수직과 수평으로 분할된 텅빈 화면에 파란색과 빨간색을 배치한 '구성'만으로 미학적 성과를 제시한 것이다.

〈빨강과 회색의 구성 1〉 몬드리안. 베네치아, 페기 구겐하임 미술관. 색의 사용을 최대한 절제하고 화면 분할만으로 질서와 비율, 균형미를 표현한 작품이다.

1930년대 이르러 몬드리안은 훨씬 더 엄격해진 추상성을 보여주는데, 색의 사용을 최대한 절제하고 화면 분할만으로 질서와 비율, 균형미를 표현한 것이다. 지금 우리 앞에 있는 '빨강과 회색의 구성 1'은 그 시기의 대표작 중 하나다. 철저한 계산에 의한 미학, 이른바 '차가운 추상'의 시대가 온 것이다.

그런가 하면 몬드리안 근처에 있는 마르크 샤갈과 파울 클레는 전혀 다른 느낌으로 다가온다.

마르크 샤갈 ^{Marc Chagall 1887~1985}의 초기 작품 '비'는 러시아의 이콘화와 민속 예술을 바탕으로 현실과 환상의 경계를 넘나드는 샤갈 특유의 유머와 재치가 느껴진다.

〈마법 정원〉 파울 클레. 베네치아, 페기 구겐하임 미술관. 귀엽고 아기자기한 동화적 이미지와 몽환적 색채가 두드러진다.

앞서 만난 '청기사파'에 깊은 관심을 가졌던 파울 클레^{Paul Klee 1879~1940}는 칸딘스키와 함께 바우하우스에 재직하기도 했지만 다른 화가들과 달리 독자적인 노선을 걸었다. 그는 특히 원시 미술이나 어린이 미술에서 볼 수 있는 단순한 조형을 통해 추상 미술의 가능성을 발견했다. 그래서 그의 작품에는 귀엽고 아기자기한 동화적 이미지와 몽환적 색채가 두드러진다. 이곳 페기 구겐하임 미술관에서 만날 수 있는 두 작품, '부인 P의 초상'과 '마법 정원'은 파울 클레의 그런 특징을 잘 보여주는 작품들이다.

명작들은 숨쉴 틈 없이 이어진다. 조르조 데 키리코$^{Giorgio\ de\ Chirico\ 1888\sim1978}$가 그린, 초현실주의를 예고하는 음울한 걸작, '붉은 탑'과 살바도르 달리$^{Salvador\ Dalí}$ $^{1904\sim1989}$의 '액체 욕망의 탄생', 이브 탕기$^{Yves\ Tanguy\ 1900\sim1955}$의 '보석 상자 속의 태양' 같은 초현실주의 작품들은 말 그대로 환상적이다.

그런가 하면, 페기 구겐하임이 발굴한 미국 현대 미술의 슈퍼스타, (하지만 여전히 인정하기 쉽지 않은) 잭슨 폴록$^{Jackson\ Pollock\ 1912\sim1956}$의 액션 페인팅, '히트의 눈 $^{Eyes\ in\ the\ Heat}$'에서는 언뜻 언뜻 보이는 '눈'들을 때문에 정신이 하나도 없을 지경이다. 그래도 흥미로운 건 틀림없다.

그리고, 색채의 극단적 단순화를 추구한 마크 로스코$^{Mark\ Rothko\ 1903\sim1979}$의 제목 없는 작품, 캔버스마저 찢어버려 회화의 한계를 극복하고자 한 루치오 폰타나^{Lucio} $^{Fontana\ 1899\sim1968}$의 '공간 개념, 기대' 등도 결코 놓쳐서는 안되는 작품들이다. 중간 중간 만나는 콘스탄틴 브랑쿠시$^{Constantin\ Brancusi\ 1876\sim1957}$와 자코메티$^{Alberto\ Giacometti}$ $^{1901\sim1966}$의 조각 작품들에도 눈길이 갈 수밖에 없다.

이처럼 그 이름을 나열하는 것만으로도 숨이 막히는, 수많은 현대 미술의 영웅들. 그중 가장 우리의 눈길을 끄는 작가는 바로, 르네 마그리트$^{René\ Magritte\ 1898\sim1967}$ 다. 키리코의 영향을 받아 초현실주의로 나아간 마그리트는, 우리 주변의 대상들을 매우 사실적으로 묘사하고 그것과는 전혀 별개의 요소들을 작품 안에 배치하는, 이른바 '데페이즈망^{dépaysement}' 기법을 사용하여 새롭고 낯선 효과를 만들어낸 것으로 유명하다.

특히 파이프 그림 아래 "이것은 파이프가 아니다."란 문장을 나란히 배치해 시각적 인식의 허구성을 폭로한 '이미지의 배반$^{La\ trahison\ des\ images}$'이나, 정체성을 상실

한 개인과 일상의 단조로움을 빗방울처럼 떨어지는 정장 차림의 남성들로 형상화한 '골콩드Golconde 혹은 겨울비' 같은 대표작들은 마그리트가 지향했던 초현실주의를 잘 보여주는 동시에 재치있고 유머러스한 감각으로 대중들을 사로잡기도 했다.

이곳, 페기 구겐하임 미술관에는 마그리트의 명작 두 편이 전시되어 있는데, '공간의 목소리'와 '빛의 제국'이다. 특히 20편 넘게 그려진 연작, '빛의 제국'은 보는 이를 단번에 사로잡는 매력적인 작품이다. '푸른 하늘 아래의 어둠 속 세상'이라는 데페이즈망 특유의 모순된 배경을 밝히는 가로등 하나. 낮과 밤이 공존하는 이 모호한 시공간이 이토록 조화롭게 느껴지는 것은 무슨 까닭일까? 정확한 해답을 알 수는 없지만, 어울릴 수 없는 것들의 모순된 통합을 통해 다양한 상상의 가능성을 보여준 마그리트의 천재성이 정말 '빛' 난다.

우리는 마그리트의 작품을 끝으로 페기 구겐하임 미술관에서 나왔다. 아니 정확하게 말하면 미술관의 테라스로 나온 것이다. 테라스 바로 앞으로 카날 그란데의 물살이 일렁이며 흘러간다. 바포레토도, 곤돌라도 지나간다. 말 그대로 '아름다운 베네치아'의 모습이다. 그런데 그 아름다운 풍경을 향해 발가벗은 기사 한 명이 말 위에 앉아 있다. 두 팔을 벌린 채, 그것도 남성성을 '힘차게' 드러내며 말이다. 이탈리아 땅 최초의 원주민, 고대 에트루리아인들의 조각상을 재해석한 이 작품은 조각가 마리오 마리니Mario Marini 1901~1980의 '도시의 천사'다.

조금 민망스럽긴 했지만 우리는 그 발가벗은 천사 옆에 나란히 서서 두 팔을 벌린 채 '아름다운 베네치아'의 아름다운 운하와 아름다운 건물들과 아름다운 곤돌라와 아름다운 하늘을 바라보았다.

〈빛의 제국〉 르네 마그리트. 베네치아, 페기 구겐하임 미술관. 낮과 밤이 공존하는 이 모호한 시공간
이 조화롭게 느껴진다. ⓒ René Magritte / ADAGP, Paris - SACK, Seoul, 2016

에필로그

밤의 베네치아

베네치아의 밤은 어두운 편이다. 옛 건물들이 많이 남아 있는 유럽의 다른 도시들과 비교해도 베네치아의 밤은 확실히 어둡다. 도로가 없으니 도로를 비추는 가로등도 없고, 전조등을 켜고 질주하는 자동차들도 없다. 좁디 좁은 골목에도 가로등이라곤 가뭄에 콩나듯 드문드문 있을 뿐이고 늦은 시간까지 문을 연 가게도 많지 않다. 드물게 문을 연 가게는 조명 자체가 그리 밝지 못하다. 그러다 간혹, 밤안개까지 몰려오는 날엔 베네치아의 밤 거리는 선뜻 나서기 무서울 정도다. 더구나 낮에도 길을 잃기 쉬운 베네치아의 골목은 밤이면 끝을 찾기 힘든 미로가 되어 버린다. 그래서 늦은 밤, 베네치아 거리를 산책하려면 약간의 용기가 필요하다.

베네치아에서의 마지막 날 밤, 우리는 용기를 냈다. 지도도, 아이패드도 없이 오로지 감각만으로 산 마르코 광장까지 가기로 했다. 너무 늦지만 않는다면 산 마르코 광장을 지나 산타 마리아 델라 피에타 성당까지 가기로 했다. 그리고 그곳에서 베네치아 밤바다를 마주하며 다시 비발디를 듣기로 했다.

그런데, 베네치아는 역시 베네치아였다. 아무리 걸어도 리알토 다리가 나타나지 않는 것이다. 호텔에서 산 마르코 광장까지 가려면 반드시 리알토 다리를 건너야 되는데, 다리는 물론이고 카날 그란데도 나타나지 않는 것이다. 살인사건의 진실을 파헤치기 위해 장서관의 보이지 않는 미로를 헤맸던, 움베르토 에코의 소설 '장미의 이름' 속 주인공들도 이런 기분이었을까? 낭만적 기분으로 시작한 밤 산책이었는데, 시간이 갈수록 당혹감이 밀려온다.

그렇게 아무런 성과없이 한 30분 쯤 베네치아의 밤거리를 헤맸을 때였다. 눈 앞에 커다란 성당이 한 채 나타났다. 우리는 한 눈에 티치아노의 '성모 승천'이 있는 프라리 성당이란 것을 알아 보았다. 그리고 그제서야 길을 찾은 듯 했다. 프라리 성당에서 카날 그란데까지는 그리 멀지 않은 거리. 우선 카날 그란데를 발견하면 리알토 다리는 쉽게 찾을 수 있을 터였다.

〈밤의 베네치아〉 밤의 리알토 다리는 여전히 아름다웠다.

그로부터 정확히 15분 후 우리는 리알토 다리 위에 설 수 있었다. 밤의 리알토 다리는 여전히 아름다웠다. 그리고 다시 10분 후 우리는 산 마르코 광장에 도착했다.

산 마르코 광장에는 생각보다 많은 사람들이 있었다. 은은하게 밝힌 조명들, '유럽에서 가장 아름다운 응접실'이란 나폴레옹의 평가는 밤의 산 마르코 광장을 두고 한 말임에 분명했다. 우리는 벨리니 칵테일을 한 병씩 나누어 마시며 광장을 한 바퀴 돌았다. 그리고 기분좋을 정도의 술기운이 돈을 무렵 두칼레 궁전 앞을 지나 아름답게 빛나는 산타 마리아 살루테 성당을 바라보다가 비발디의 성당 쪽으로 발걸음을 옮겼다. 멀리 바다 건너엔 산 조르조 성당이 옅은 조명과 함께 은은하게 빛나고 있다.

산 마르코 광장에서 몇 발짝 떨어진 이곳에는 지나는 이도 거의 없어서 조용하다. 비발디의 성당 앞에 도착한 우리는 파사드에 등을 대고 앉았다. 엉덩이와 등에 찬 기운이 느껴졌지만 술기운 탓인지 그리 춥지는 않았다. 우리는 스마트폰 스피커로 비발디를 들었다. 작은 스피커에서 울려나오는 비발디의 음악은 고요하기 이를 데 없는 밤의 베네치아에 어울릴 만큼만 느리고 고요하게 들려왔다.

〈밤의 베네치아〉 우리는 벨리니 칵테일을 한 병씩 나누어 마시며 비발디 성당으로 향했다. 저 멀리 비발디 성당이 보인다.

하지만 우리의 음악 감상이 밤 산책을 나온 다른 여행객들에겐 방해가 될 수도 있을 터. 우리는 3분 40초 길이의 한 곡만 듣고 음악을 껐다. 그런데 그 소리가 귀에 거슬렸던 것일까? 우리와 한 발짝 떨어져 바닷가에 서 있던 커플 중 한 명이 우리에게 다가온다. 미안한 마음에 엉거주춤 일어서려는데 잘생긴 사내는 수줍은 미소와 함께 곡명을 묻는다. 우리 역시 반가운 미소와 함께 곡명을 알려주었다. 그런데 부정확한 영어 발음 탓인지 어려운 곡명 탓인지 사내는 알아듣지 못한 표정이다. 우리는 스마트폰을 켜서 그에게 곡명을 보여주었다. 사내는 자신의 스마트폰에 곡명을 저장했다. 그리고는 예의 그 수줍은 미소와 함께 '그라치에'라고 인사하더니 자신의 연인에게로 향한다.

그런데 잠시 후, 커플이 있는 곳에서 우리가 들었던 음악이 작게 들려왔다. 우리는 서로를 바라보며 말없이 웃었다. 우리와 그들이 이 베네치아의 밤바다에서 함께 들은 음악은 비발디의 '비올라 다모레와 류트를 위한 협주곡 d단조' 중 2악장 라르고. 이름처럼 지금은 거의 연주되지 않는 바로크 시대의 악기인 비올라 다모레^{viola d' amore}와 류트^{lute}를 위한 이중 협주곡이다.

말하자면, 우리는 밤의 베네치아에서 차가운 디지털 기기인 스마트폰으로 바로크 시대를 소환하고 공유한 것이다. 하지만 그것은 디지털 문명의 힘이라기보다는 비발디의 음악과 베네치아의 밤바다가 아름답기 때문일 것이다.

우리의 여행기도 그럴 수 있을까? 우리가 소환하고 공유한 지오토와 벨리니와 티치아노와 틴토레토와 베로네세의 그림들이 누군가를 행복하게 할 수 있을까? 베네치아의 그림들이 하늘의 별처럼 눈부시게 아름다우니 크게 걱정하지는 않는다. 우리의 여행기는 그저 3분 40초 동안만 밤의 베네치아를 장식한 스마트폰 스피커의 울림처럼 작고 소박할 뿐이다.

⟨밤의 베네치아⟩ 우리의 여행은 밤의 산 마르코 광장에서 끝났다.

그리고...

우리는 '빅풋 부부'와 '이동조사원P'이다. 이것은 블로그 '그랑투르'의 공동 운영자이자, 오마이뉴스의 시민기자로 활동 중인 우리 세 사람의 별명이다. 빅풋 부부 중 아내와 이동조사원P는 10년 넘게 소식이 끊어졌다가 페이스북을 통해 우연히 다시 만난 같은 대학, 같은 학과 선후배 사이이다.

방송국 사내 커플인 빅풋부부는 직장을 그만 두고 10년 가까이 세계 곳곳을 여행하며 세상과 삶에 대한 새로운 관점을 가지게 되었다. 특히 방송국 커플답게 여행의 많은 과정을 영상으로 남겼는데 지금은 유튜브와 오마이뉴스에 "빅풋 부부의 산티아고 순례기", "빅풋 부부의 스페인 일주", "이탈리아 여행" 등을 연재하고 있다.

작가를 꿈꾸었던 이동조사원P는 무료한 직장 생활을 살다가 페이스북 활동 중 우연히 빅풋 부부를 만나 잊고 지냈던 어린 시절의 꿈, 이탈리아 여행에 대한 희망을 가지게 되었다. 그리고 빅풋 부부의 적극적인 지지와 성원으로 한 달 동안의 이탈리아 기행을 마치고 돌아와서 오마이뉴스에 "이탈리아 미술 기행"을 1년 가까이 연재했다.

"베네치아 미술 산책"은 빅풋 부부와 이동조사원P가 함께 내놓는 소중한 성과물이다. 이동조사원P에게는 베네치아 일정이 이탈리아 기행에 포함된 5박 6일의 짧은 여행이었지만, 빅풋부부에게는 그동안의 수차례에 걸친 유럽 여행과 이탈리아 여행으로 익숙한 여정이었다. 그런데 미술사를 중심으로 연대순으로 짜인 일정이라 일반 여행객들이 그대로 따라가기엔 무리가 많을 것이다. 그래서 일반 여행객들이 베네치아 미술의 아름다움을 조금이나마 느낄 수 있는 여행 경로를 소개하려고 한다.

먼저, 정해진 경로에 따라 가는 짧은 패키지여행이라면 별다른 선택지가 없겠지만 대부분 아카데미아 미술관 정도는 일정에 넣는 경우가 많으니 꼭 참여하도록 하자. 그리고 잠시라도 자유 시간이 주어진다면 역과 멀지 않은 곳에 나란히 있는 프라리 성당과 산 로코 대신도회당에 들러 티치아노와 틴토레토를 만나는 것도 고려해보자.

1박 2일 정도의 일정이라면 선택과 집중이 필요하다. 첫날은 오전 일찍 호텔에서 나서 토르첼로까지는 아니더라도 부라노 섬에 들러 1시간 정도 알록달록한 거리를 구경하고 본섬으로 돌아와 리알토 다리를 거쳐 산 마르코 광장을 중심으로 소화하는 것이 좋다. 둘째 날은 본격적으로 미술을 중심으로 일정을 짜면 된다. 프라리 성당과 산 로코 대신도회당에서 시작하여 아카데미아 미술관, 페기 구겐하임 미술관까지 빠른 걸음으로 돌고나면 베네치아 미술의 대강은 맛볼 수 있을 것이다. (물론 1일과 2일의 순서는 바꾸어도 된다.) 정리하면,

1일 : 부라노 섬 – 리알토 다리 – 산 마르코 광장(산 마르코 대성당, 대종루, 카페 플로리안, 대종루) – 산 자카리아 성당 또는 산 조르조 마조레 성당

2일 : 프라리 성당 – 산 로코 대신도회당 – 아카데미아 미술관 – 페기 구겐하임 미술관 – 살루테 성당

2박 3일의 일정부터는 좀 더 여유롭게 베네치아 미술 여행을 즐길 수 있다. 먼저 첫날은 토르첼로에서 출발하여 리알토 다리와 카날 그란데를 통과해서 산 마르코 광장에 이르면 하루가 금세 지나갈 것이다. 둘째 날은 도보로 베네치아 거리를 지나 본격적으로 산 마르코 광장과 그 주변을 만나면 된다. 셋째 날은 앞서의 미술관 일정을 소화하면 된다. 정리하면,

1일 : 토르첼로 – 부라노 – 무라노 – 바포레토를 타고 카날 그란데 통과. 중간에 리알토 다리 – 산 마르코 광장 (이후, 시간 되면 산 조르조 마조레 성당)

2일 : 리알토 다리 – 산 마르코 광장 (대종루 – 산 마르코 대성당 – 코레르 박물관 – 카페 플로리안 – 두칼레 궁전) – 산 자카리아 성당 – 산 조르조 마조레 성당

3일 : 프라리 성당 – 산 로코 대신도회당 – 아카데미아 미술관 – 페기 구겐하임 미술관 – 살루테 성당

3박 4일 이상의 일정은 앞의 2박 3일 일정에 파도바나 라벤나 일정을 추가하면 된다. 두 곳 모두 각각 하루 전체를 투자하는 것이 좋지만, 파도바는 아침 일찍 출발해서 스크로베니 소성당만 보고 와서는 베네치아의 다른 일정을 소화할 수도 있다. 그 시간에 예약을 해두어야 되는 것은 물론이다. 라벤나는 아침 일찍 출발해도 페라라를 거쳐서 가야 하기 때문에 밤늦게야 돌아올 수 있다. 그래서 라벤나는 베네치아로 가기 전후에 1박 2일을 투자하는 것을 추천한다.

파도바 : 산타루치아 역 – 파도바 역 – 스크로베니 소성당(예약 필수) – 시립 박물관 – 카페 페드로키 – 에르베 광장 – 두오모 – 산 안토니오 대성당

라벤나 : 산타루치아 역 – 페라라 역 – 라벤나 역 – 아리아니 세례당 – 성 아폴리나레 누오보 성당 – 단테의 무덤 – 네오니아노 세례당 – 산 비탈레 성당 – 갈라 플라치디아의 영묘 (라벤나 역에서 갈라 플라치디아의 영묘부터 역순으로도 가능)

물론 앞의 일정들은 쉼 없이 걸어야 하고 거의 휴식이 없는, 체력적으로 부담이 많이 가는 일정이다. 하지만 베네치아 거리와 수로, 건물들은 그런 힘든 일정을 보상하고도 남을 만큼 충분히 아름답다. 더구나 미술과 음악과 함께 하는 베네치아는 그 아름다움에 감동까지 더해 줄 것이다. 미술 외에 베네치아의 또 다른 아름다움을 만나고 싶다면 산 조르조 마조레 성당의 종탑에서의 일몰을 추천한다.

서늘한 가을바람이 부는 밤, 베네치아의 산 마르코 광장에, 첫 발을 딛고는 황홀감에 빠졌다는 지인이 있다. 화려하지 않은 조명 아래, 왈츠 선율이 흐르고 수많은 이들이 야외 테라스에서 여유와 웃음을 흩뿌리던 모습. 그리고 즉석에서 손을 맞잡고 일어나 왈츠를 추던 커플들. 그는 그때 결혼을 하게 된다면 베네치아에 올 것이고, 산 마르코 광장에서 사랑하는 아내와 왈츠를 추겠다고 결심했단다.

몇 년 뒤 그는 사랑하는 이를 만났고 그 결심을 이루기 위해 몇 달 간 아내와 왈츠를 배웠다. 그리고 5월의 산 마르코 광장에서 바이올린 선율에 맞춰 왈츠를 췄다. 베네치아를 생각하면, 누구나 그런 낭만을 꿈꾼다.

그런데, 우리처럼 그림을 보러 베네치아를 찾았다면 여행 비수기인 겨울이 오히려 최적기다. 비록, 겨울의 산 마르코 광장엔 왈츠가 울리지 않고 야외 테라스도 접혀 있을 때가 많지만, 그리고 너무 넓은 광장이 허탈감을 줄 수도 있지만, 겨울 베네치아 역시 낭만적이다.

우리처럼 겨울 베네치아만의 왈츠를 만나게 될 수도 있기 때문이다. 산 마르코 광장으로 뛰쳐나온 아이들 웃음. 바닷물이 넘쳐서 때로 광장을 점령하기도 하는 계절을 맞아 마련해둔 발판엔 하얗게 눈이 쌓이고 그 위에 적힌 수많은 이들의 이름. 이 모든 이들을 설레게 하는 그것은 바로 베네치아의 함박눈이 추는 왈츠다.

테마★로 만나는 인문학 여행 ⑥

베 네 치 아 에 그 림 보 러 가 자

빛과 색채의 도시,
베네치아 그림 산책

1판 1쇄 인쇄 2016년 7월 5일
1판 1쇄 발행 2016년 7월 10일

—

지 은 이 박용은·박성경
발 행 인 이미옥
발 행 처 J&jj
정   가 16,000원
등 록 일 2014년 5월 2일
등록번호 220-90-18139
주   소 (04987) 서울 광진구 능동로 32길 159
전화번호 (02)447-3157~8
팩스번호 (02)447-3159

—

ISBN 979-11-86972-12-0 (03920)

J-16-02

www.jnjj.co.kr